クリニック教育で法曹養成は どう変わったか？

――リーガル・クリニック創設10年目の検証――

弁護士法人早稲田大学リーガル・クリニック
所長　近江幸治 編

成 文 堂

リーガル・クリニック創設10周年記念シンポジウムの記録

　本書は、日本において大学併設の法律事務所としてリーガル・クリニックが創設された10年目の節目を迎えるにあたり、その検証として開催されたシンポジウムの記録集です。

　シンポジウムでは、これまでの教育の内容や方法について、教える側（担当教員）、教わる側（法科大学院生）、第三者（法曹関係者等）から、忌憚のないご意見を頂くことができました。おおむね、積極的で好意的なご意見を賜りましたが、反省しなければならない点があることも事実であります。

　このようなことを客観的に捉え、次の10年を見据えた礎といたしたいと考えております。その意味で、今回のシンポジウムでは、大変大きな成果を得、その貴重な記録集として、本書を残すことができました。

　遠方より、またご多忙の折、ご参加された方々に、心から感謝を申し上げます。

　2015年6月吉日

弁護士法人早稲田大学リーガル・クリニック
所長　近江幸治

目　次

リーガル・クリニックの使命……………………………近江幸治（1）
ロースクール教育とリーガル・クリニック……………石田　眞（5）
臨床法学教育とリーガル・クリニック…………………宮川成雄（9）
リーガルマインドはクリニック教育で作られる………早坂由起子（13）
リーガル・クリニックでの経験と刑事弁護……………趙　誠峰（21）
リーガル・クリニックでの経験と裁判官の仕事………中川真梨子（25）
リーガル・クリニックでの活動と企業法務……………西澤尚希（29）
リーガル・クリニックの可能性…………………………日置雅晴（33）
弁護士法人早稲田大学リーガル・クリニックの運営上の課題等について
　　………………………………………………………………外山太士（41）
クリニック教育と家事・ジェンダークリニックの展望………棚村政行（55）
魅力的な総合法律事務所をめざして……………………浜辺陽一郎（63）
ご　挨　拶…………………………………………………大場亮太郎（69）
ご　挨　拶…………………………………………………丸島俊介（73）
パネルディスカッション………………上田國廣・棚村政行・趙誠峰・
　　　　　　　　　　　　　　　　　　　古谷修一・山口卓男：
　　　　　　　　　　　　　　コーディネーター　道あゆみ（75）
閉会の挨拶…………………………………………………大塚正之（103）

iii

リーガル・クリニックの使命

弁護士法人早稲田大学リーガル・クリニック
所長　近江幸治

　日本に法科大学院が創設され、10年を迎えました。法科大学院とともに誕生したリーガル・クリニック教育も、同様に10周年を迎えます。このリーガル・クリニック教育は、わが国では画期的な教育システムであって、その長所・短所を含めて、この10年間どのような成果を残し、また課題を抱えてきたのかを検証することが、今後のリーガル・クリニック及び法科大学院の教育のあり方につながっていくものと思います。

　今日のシンポジウムは、10年間の「検証」と今後の「発展への期待」という目的で企画されました。その柱は、プログラムに示したように、3つあります。1つは、リーガル・クリニックで学んだ学生が、法曹になった現在、かつて学んだことがどのように活かされているか、又反省点はないのか。2つめは、リーガル・クリニックを担当してきた教員側からの忌憚のない意見であります。3つめは、リーガル・クリニックを運営する上での問題点であります。財政の多くを大学に依存しなければなりませんから、その運営の上では大きな課題があります。

　さて、「クリニック」という名称は、多様に使われ、必ずしも固まった概念ではありませんが、医学や法律学で使う場合には、高度な内容を持つ学問が、実際の場面――医学では病床、法律学では事件――においてどのように活かされるかを考察し、それを逆に学問にフィードバックする場所であって、このような教育方式の典型的なモデルが「医学」に求められるため、クリ

ニック教育は、医学から「臨床」という概念を借用し、「臨床医学」にちなんで、「臨床法学」と命名されたわけです。

「臨床法学教育」の具体的な方法は、医学での臨床教育の実践とまったく同じで、ロースクールの学生が、指導教授又は弁護士の指導の下に、既に得ている法律的知識を駆使して、クライアントの相談を受け、法律的なアドバイスを行い、必要であれば実際の事件受任に関わり、その結果、その経験を、法知識の充実や法理論の構築に役立てます。このように、社会問題解決のための"生きた法律"を修得し、同時に、倫理性豊かな法曹を輩出します。このような教育システムは、リーガル・クリニックが創設される以前は皆無でしたから、リーガル・クリニック創設の意義は、誠に大きいものといえます。本日のシンポジウムの第1の目的も、この10年間の臨床法学教育の成果を検証することにあります。

そして、リーガル・クリニック教育とともに歩んできた「弁護士法人早稲田大学リーガル・クリニック」も、間もなく10周年を迎えます。当弁護士法人は、法律事務所ですので、当然のことながら、一般の法律事務所と同様に、通常の弁護士業務を様々行っております。しかしながら、上記の「大学併設」という特性から、一般の法律事務所とは異なり、「教育・研究」機関としての機能を併せ有します。そして、当事務所が、この「教育・研究」機関として機能する場合、次の制約を受けます。

第1は、「事件の限定」です。即ち、私たちが、「教育・研究」機関として臨床法学教育を実施する場合、「教育・研究」目的に資する事件を扱わなければなりません。したがって、法律相談の段階で、相談または受任事件をある程度セレクトする必要があり、教育・研究目的から考えて、ふさわしくない事件は受付けるべきではありません。例えば、"単なる"債務整理事件や債権回収事件は、おそらく教育的・研究的価値は高くないはずです。また、反社会的勢力が関係しているなど学生を危険に晒す可能性のある事件も、避けなければなりません。要は、事件を、教育的・研究的「価値」と「許容

性」のあるものに限定する必要があるのです。

　第2は、「依頼者を限定したリーガル・サービスの提供」です。法律学自体は「国民の幸福、経済の発展及び社会の安定」という社会科学一般の目的を持っていることから、社会に対して、リーガル・クリニックサービスを提供することは当然ですが、しかし、「教育・研究」機関として機能する場合は、営利を第一次的目的とすることはできません。それゆえ、「依頼者」を、「経済的困窮者」やリーガル・アクセスに障がいをきたしている人など、リーガル・サービスを提供することが社会的意義を有する相手に限定することが望ましいのです。

　本来、この問題は、社会問題ですから、第一次的には公的な法律扶助機関が対応すべきですが、リーガル・クリニックもまたこのような社会的要請を受けていることは事実です。そこで、当リーガル・クリニックは、昨年から、「法テラスの指定相談所」となり、法テラスと連携してこの問題に対処しています。

　ただし、この点については、行政事件、先端領域事件あるいは大型の経済事件に関連して「政策提言」を行うことも法科大学院の重要な機能でもあるので、法律相談等について例外的な場合もあります。また、この第2の制約については、わが国で実施する際の困難もありますので、後の報告で説明させていただきたいと思います。

　当リーガル・クリニックは、開設に至るまでに、実に3年もの準備期間を要しました。2001年から準備を進め、2002年4月に設立母体である「早稲田大学臨床法学教育研究所」を立ち上げ、その後、毎月1回の会議をもち、また、この間、2回にわたって、アメリカ及びカナダの多くのロースクールとリーガル・クリニックを視察し、日本でリーガル・クリニックを開設した場合の問題点などを検討してきました。さらに、何回かの国際シンポジウムも開催してきました。このような入念な研究と準備の下に、リーガル・クリニックをスタートしたわけです。

最後に、リーガル・クリニック教育及び当弁護士法人開設に当たりまして、数多くの内外の先生方にご尽力を賜りました。また、現在、このように活発にクリニック活動を続けていることができるのも、リーガル・クリニックで学生を指導されている先生方、及び法務研究科、臨床法学教育研究所の先生方のご尽力の賜物であります。これらの方々に心から感謝を申し上げます。

ロースクール教育とリーガル・クリニック

早稲田大学法学学術院教授　石田　眞

　共催団体である法務研究科を代表いたしまして、一言ご挨拶を申し述べたいと思います。

　まずは、早稲田大学のリーガル・クリニックが、開始以来着実にその成果を挙げ、10周年を迎えることができたことを、皆さまとともに率直に喜びたいと思います。

　早稲田大学のクリニックがこのようなかたちで10周年を迎えることができたことにつきましては、クリニック事務所の歴代の所長でいらっしゃいます、初代の須網先生、2代目の四宮先生、3代目の棚村先生、そして現所長である近江先生の並々ならぬご努力があったことは言うまでもありません。

　さらに、クリニック教育には、法務研究科内外の実務家教員及び研究者教員が、まさに血のにじむような努力をされて、携わってこられました。このようなかたちでクリニックが10周年を迎えられたのは、そうしたご努力の賜物であると思っております。関係者の皆さまに対して、ここで改めて心より感謝の意を表したいと思います。

　早稲田大学のリーガル・クリニックは、先ほど近江所長のご紹介にもありましたように、早稲田大学における法科大学院の設置という大事業の不可欠な一環として、産声を上げたわけです。

　ですが、本体である法科大学院については、ご存じのように、その取り巻く環境が年を追うごとに厳しさを増しています。特に司法試験の合格率の低下であるとか、法科大学院入学志願者の減少であるとか、弁護士資格取得者のいわゆる就職難であるとか、幾つかの法科大学院が学生の募集停止に踏み切る等々、法科大学院に関する話題というと、暗い話題が広く社会に流布いたしまして、実は法科大学院自体はどこでも、創設10周年の記念行事を行っ

ている場合ではないという状況に追い込まれているのが率直なところだと思います。

このように、現在の法科大学院を巡る状況には幾つかの否定的な側面があることは事実ですが、こうした側面だけを指摘する論調には、この10年間で法科大学院が挙げてきた多くの成果を見ないで、悪い部分にのみ注目をしているきらいがあると思っています。

私たちは、現在の法科大学院が抱える問題点は自覚しながらも、法科大学院がこの10年間で挙げてきた成果についても、しっかりと目を向けて、その成果をかみしめる必要があるだろうと思います。そして、早稲田大学の法科大学院に関していえば、この10年の成果の中でも最も重要なものの一つが、リーガル・クリニック教育の発展であること考えています。

先ほど近江所長は、リーガル・クリニックについて、その教育を実際に行っているクリニック事務所の観点からお話しになりましたが、法曹養成教育の側面から見ますと、クリニックは「理論と実務の架橋」という法曹養成教育の一つの重要な目標の実践の場だと私は考えています。

「理論と実務の架橋」というのは、言うは易く行うに難い、法曹養成教育の一つの目標ではあるのですが、いずれしてもそれは、その目標を実践に移す場があって初めて実現できるものだと思います。法科大学院で学ぶ学生自身が広範囲の法実務に多様な形で触れることができる。そういう場があってこそ、この「理論と実務の架橋」という法曹養成教育の目標を実現することができるのだと思いますし、その場こそがまさにリーガル・クリニックだと私は思っています。

早稲田大学の法務研究科では、法務研究科を修了された方、あるいは現に在学している方はご存じだと思いますが、リーガル・クリニックを臨床法学教育という名前で呼んでいまして、カリキュラムの中に組み込んでいます。

現在は、民事、家事・ジェンダー、刑事、行政、労働、外国人、商事、障害法の八つの分野の臨床法学教育を展開しております。そのうち、教員が所属をする外部の法律事務所でもっぱらクリニック教育を行っている商事と障

害法の分野以外は、実際に依頼者がクリニック事務所にいらっしゃって、現実に生起している事件について実務家教員と研究者教員がチームになって指導をし、学生が実際の法律相談や、場合によっては受任された事件の書面を書くようなことを通じて、実際の「実務」に触れているということです。

　問題は、クリニック教育発足以来、どのぐらいの学生が臨床法学教育を受講したかということですが、2014年度、今年の春学期までで、早稲田の法科大学院で臨床法学教育を受講した学生の総数は実に1062名にのぼります。それだけの数の学生が臨床法学（クリニック）教育を受講したのは、わが国において、早稲田大学の法務研究科においてほかにはないだろうと思っています。

　もちろん、現状の早稲田におけるクリニック教育が、先ほど近江所長のお話にもありましたように、必ずしも完成形態ではありませんし、さまざまな問題点があることも事実です。しかし、このようにクリニック教育を受けた修了生たちが、その後に司法試験に合格し、法曹資格を取得した後、あるいは場合によっては、法曹資格を取得しなくて実際の法律実務に就いた後に、その法務研究科で受けたクリニック教育がどういう意味があったのかを検証することは、これからのクリニック教育のあり方を考える場合に、私は決定的に重要なことであると思っております。

　そのような意味で、これからのクリニック教育の未来、ひいては法科大学院における法曹養成教育の未来にとって、きょうの議論が実り多いものであることを切に願いまして、私の挨拶に代えさせていただきたいと思います。

臨床法学教育とリーガル・クリニック

早稲田大学法学学術院教授　宮　川　成　雄

　先ほど研究科長の石田先生から、10周年を祝っている場合ではないというお話がありましたが、まさに法科大学院を取り囲む状況はそういう厳しい状況であります。しかし、この10年を振り返ってみることは大変重要なことであって、この10年、決して実績がなかったわけではなくて、今後継続していくべき重要な実績があります。それをきちんと確認をして、これから目指すべき方向を考えてみたいと思っております。

　早稲田大学臨床法学教育研究所は、法務研究科よりも、そして弁護士法人早稲田大学リーガル・クリニックよりも先に、2002年に設立されました。法科大学院が理論と実務教育の導入部分をも担うということで、まさに理論と実務の架橋を実現する専門職大学院として出発しましたから、これまでの大学にない経験である実務教育について、いかなる方法論があるのかをきちんと研究した上で、それを法科大学院の教育実践の場に移すために、法科大学院がスタートした2004年の2年前、2002年4月から活動を開始しました。この詳しい経緯は先ほど近江先生にご紹介いただきました。

　2004年に法科大学院がスタートすると同時に、法律事務所としての早稲田大学リーガル・クリニック都の西北法律事務所が発足しました。これを弁護士法人としたのは1年後の2005年になるわけですが、日本で初めて大学に付設する形での法律事務所が、名実ともに2004年にスタートしていますので、今年が10周年となるわけです。

　臨床法学教育が何を目指すべきか、リーガル・クリニックの教育が何を目指すべきかというと、この教育形態がアメリカの教育実践を継承しているものであるという意味で、アメリカでどのようなことが臨床法学教育の目的と

されていたのかを振り返ってみる必要があると思います。

　アメリカにおけるリーガル・クリニックの教育、すなわち臨床法学教育というのは、二つの目的があることが繰り返し述べられます。一つはもちろん学生の教育です。しかしそれと同時に、むしろアメリカでは、もう一つの目的である地域社会への貢献がより大きな目的とされています。ロースクールが存在する地域社会で、自らの資力ではリーガルサービスが受けられないような人たちに対して、ロースクールの学生が積極的にイニシアチブを発揮して、そしてロースクールの教員の指導監督の下に臨床法学教育が始まり、現在もこれが活発に行われています。まさに地域社会への貢献です。教育と社会貢献の二つがアメリカのリーガル・クリニックの二つの目的といわれているわけですが、第三の目的があります。これは同じことを、単に別の角度から考えているだけなのかもしれませんが、第一と第二の目的を統合する重要な目的であるといえます。それは、臨床法学教育を通した法理論の発展と法実務の改革です。

　司法研修所の修習と法科大学院の実務教育の違いがいったいどこにあるのかがよく議論されますが、私の考えるところでは、両者が決定的に違うところは、大学という学術環境の中で、学術の方法により現状をしっかり分析をして、その改善改革を目指すという学術の目的を持っていることです。実務の研究を行うのが臨床法学教育がもつ大きな三つ目の目的だと思います。

　これは単に実務の改革だけでなくて、当然、先ほど近江所長がおっしゃったように、さまざまな法分野で、さまざまな理論的な課題を抱えているわけですから、法理論の前進と発展を並行して目指すものでもあります。法実務は一般の現実の事業、ビジネスとして行われているわけですから、なかなか利益の上がらないような先端的なことばかりはできませんので、大学という環境において、実務の改革と並行して、やはり理論的に大きな課題になっていることに取り組むのが重要だと考えております。臨床法学教育は、教育、社会貢献、そして三番目の大きな目的として、実務の改革と理論の発展を目指さなければいけないと考えております。

これも、ただ理念的に申し上げているだけではなく、少しずつではありますが、臨床法学教育研究所で着実に成果を挙げているのではないかなと思っております。若干紹介させていただきますと、現在法務研究科で臨床法学教育科目として提供されているカリキュラムは、この研究所が法科大学院設立に先行して研究してきたものです。また、法務研究科及び弁護士法人早稲田大学リーガル・クリニックの協力の下で実施されている司法修習生に対する選択型実務修習があります。これは、臨床心理士でもある岡田裕子弁護士を中心に開発されたプログラムです。法律相談に来る人たちは困っている人ですから、心理的精神的なストレスを抱えています。対応する弁護士にも心理学、精神医学の知識と技能を持つことが必要になります。このプログラムは、司法修習を構成する選択型実務修習としてだけではなく、法テラスのスタッフ弁護士の重要な研修としても評価していただいていまして、今年度で4年目を迎えています。
　ほかにもたくさん試みはあるわけですが、実務の改善改革、そして理論の大きな課題に立ち向かう意味では、初代の研究所長であり、今は幹事をしていただいています須網隆夫先生が中心になって取り組んでおられる東日本大震災の被災者支援について、法理論の側面、および法実務の面からも、さまざまな課題の解決に取り組んでいます。
　ほかに、法曹教育という狭い範囲に限定せず、それを少し広げて、家事調停委員の人たちを対象とした研修プログラムというものも立ち上げています。これは、この3月末まで法務研究科にご在職だった元裁判官の大塚正之先生が中心になって、家事紛争解決プログラムの研究開発に取り組んでいます。
　法科大学院が置かれている状況は大変厳しいです。しかし、これまでの10年をしっかりと振り返って、前に進むことを考えたいと思います。前に進むというのは、ただ実務の現状を継承するだけではなくて、実務の改善改革を目指し、そしてその理論的な裏付けを提供することが、臨床法学教育の大きな三つ目の役割だと考えています。
　早稲田大学では、大学院法務研究科、弁護士法人早稲田大学リーガル・ク

リニック、そして現在第三代目の和田仁孝所長のリーダーシップで臨床法学教育研究所が、教育と実務と研究を三位一体として、三者が協力して取り組んでいるということです。

リーガルマインドは
クリニック教育で作られる

弁護士　早坂由起子

1　はじめに

　私は、2007年に早稲田大学法務研究科に入学し（4期未修）、2010年3月に同科を修了、2012年12月に弁護士登録（司法修習65期）、現在、恩師でもある榊原富士子弁護士の所属するさかきばら法律事務所にて弁護士として執務している。これまで家事事件を多く扱い、その他刑事事件、弁護団事件などにも関わっている。

　在学中は、2009年（3年次）春学期に家事クリニックを受講し、また、2008年（2年次）秋学期の刑事クリニックにも関わる機会があった。

　私自身の「リーガルマインド」は、クリニック授業及び早稲田大学法務研究科での実務教育で培われたと感じている。法務研究科で得た友人・教員との人間関係、そして、実務教育で習得したリーガルマインドは、弁護士として最も誇れる財産であると胸を張って言える。

2　リーガル・クリニックの受講経験

1）　家事クリニック

　2009年春学期の家事クリニックは、教員5名（岩志和一郎先生、大塚英明先生、梶村太市先生、榊原富士子先生、棚村政行先生：50音順）に対して、学生3名（全て女性）という非常に充実した贅沢な体制での受講であった。

　具体的には、クリニック事務所に依頼のあった家事関連の法律相談を受けることが主で、継続相談、離婚協議書の作成などもさせていただいた。

　法律相談は、相談者から事前におおまかな相談内容がメール等で送られて

くることが多く、事前に関連する法律問題を調査し、相談とそれに対するアドバイスを想定しておく。時には、想定していたものと全く異なる内容のこともあるが、具体的事案を想定して法的調査をすることは、実務に直結して楽しく知識を得られる貴重な機会であった。法律相談では学生が主として聞き取り作業を行い、大体の事情の聞き取りを終えると、相談者の方に一度退席してもらい、教員と学生とが相談に対する回答に関する議論をして、一定の結論を導き出す。その後、相談者に入室してもらい、主として学生から相談に対する法的アドバイスをするという流れで行った。

　多くは、相談者に対し、学生から法的アドバイスをし、補助的に教員からアドバイスをし、相談者が納得されるというケースが多かったように思う。しかし、家事事件という性質上、感情面に大きく関わる問題なので、「感情的には理解できるけれども、今の法的枠組みでは相談者のニーズにこたえることは難しい」という場面が多くあった。そういった事案での実際の相談者とのやり取りを通して、どのように相談者と接するべきかを学ぶ機会が非常に多かった。相談者に対し、共感を示さなければいけないが、法律家として一定の厳しい見通しを伝えなければいけない。相談者に対する説明の順序、話し方等の立ち振る舞い、表情や相槌なども相談者の感情を大きく左右すると感じた。

　家事クリニックでの経験では、法律相談における相談者の満足とは何かということを模索しながら学んでいく機会となった。

2）　刑事クリニック

　2008年秋学期の刑事クリニックは、四宮啓先生の担当班（通称「四宮班」）が夏休みから引き続き関わっている事件に関して、四宮班メンバーに加えてもらう形で関わることとなった。四宮班の構成は、教員3名（四宮啓先生、伊藤眞先生、道あゆみ先生）、学生6名で、こちらもとても贅沢な体制であった。

　担当事件は、交通事故の案件で、大きな意味では否認事件、過失を争って

いる事案であった。警察の事件対応が原因で事件が複雑化し、被告人が受けなくて良いはずの不利益を受けているという性質のものであった。警察官実施の実況見分調書の内容に疑義がある、それならば！ということ自分たちで実況見分を行った。雨の中（ちょうど事故時も雨だったため好都合ではあった。）、事故と同時刻頃に実際の事故現場で実況見分を行ったことを今でもとても印象的に覚えている。各所の距離をメジャーで測り、被害者役の学生が道路上地べたに横たわり、事故直後の状況を再現、その様子を写真撮影するなどして実況見分調書を作成した。とても得がたい経験だった。また、この事件は、前述の通り警察官捜査に疑義が多かったため、公判前整理手続を用いて警察官の手持ち証拠の証拠開示にも取り組んだ。しかし、一審では被告人側の主張は退けられ、控訴審まで進み、控訴理由書作成にも関わることとなった。実際の事件に継続して関わる中で、「自分の事件」として主体的にいろいろなことを感じることができた。

3） 小括

　私のロースクール生としての学生生活は、率直に言って勉強面では辛いことばかりであった。毎日の予習・復習、定期試験では進級のための一定の基準が設けられており、その先には司法試験がある。自分で選んだ道ながらも、成績は良くないし、能力の限界を感じることも多く、プレッシャーを感じながら駆け抜けた3年間であった。この辛い学生生活の中でのクリニック授業、実務教育授業は一筋の光であった。自分の将来を考え、「実務に入ったらこういうことができるんだ！」と肌で感じ、日々の予習・復習も「将来満足のいく仕事をするために必要なことだ」、と思っては奮起したものである。

　また、同じ思いを持った友人と先生方と一緒に活動ができる、それ自体がとても楽しいひとときであった。普段の教室での授業よりも、先生方との距離が近く、事件の話やそれ以外の話をたくさんできたことも、かけがえのない時間であった。

3　リーガル・クリニック受講で学んだこと

クリニック授業を受講したことで学んだことを挙げるとすれば、大きくは3点ある。

1）　今の実務を疑え！——「判例・通説に書いてあるから」が終着点ではない

一つ目は、「今の実務を疑え！」ということである。

何か法的問題にぶつかったとき、まず考えなければいけないのは、現在の実務がどうなっているのかということであろう。しかし、実務家のできることはそれにとどまらない。今あたりまえとなっている判例や通説だって、これまでの実務の積み重なりでできているのである。実務法曹は、今の実務を疑い、それと闘うことで、実務をより適切な方向へ導いていくことができる。私は、クリニックの受講を通して、「新しい実務を作っていく」という感覚を得た。

2）　条文、法理論が全ての出発点——「闘う」ためのツール

二つ目は、「条文、法理論が全ての出発点」ということである。今の実務と闘う、といっても単なる正義感だけではうまくいかない。私たち実務法曹は、全て条文と法理論をツールとして闘わなければならない。

家事クリニックでも、刑事クリニックでもまさに「その道の大家」ともいえる先生方とご一緒したが、その先生方でさえも、事案に取り組むときには徹底的に調査をされ、法理論について十分な議論を重ねた。確かに、「なんかおかしいな」とか「どうしてこうなってしまうんだろう」という感覚はとても大切だが、その感覚に任せて仕事をしてはいけない、と感じることが数えきれないほどあった。それは、実務教育以外の普段の授業の大切さを実感する瞬間でもあった。

3） プロフェッショナルを肌で感じる

　三つ目は、なんといっても一流の実務家と一緒に活動することで、まさにプロフェッショナルの姿勢を肌で感じることができたことである。

　実務法曹としてどういう活動をするかということの根底には、それぞれ個人の「素朴な感覚」「素朴な正義感」がある。それは、それぞれの持つバックグラウンドや経験にも大きく影響されるものであろう。先生方と議論をしていても、先生方同士で意見や方針が分かれることがあった。実務の答えは一つではない。クリニック授業の中で、事案の解決に向けて議論を重ねる中で、そういった感覚は、人格的研鑽なしには培われないということも感じた。

　また、私の理想とする法曹像にも大きく影響する「闘う」という姿勢、それは、猪突猛進・攻撃的に突き進むということではない。実務法曹として温かい心をもって立ち向かっていくということ、それこそがプロフェッショナルの姿勢だ。

4　理想の法曹像

　上記に述べたようなリーガル・クリニックで得た経験を通して、私の中にはロースクール在学中から既に理想の法曹像が形成されていった。

1） 温かくも闘う弁護士になる。

　一つは、「温かくも闘う弁護士」である。クリニック授業では、依頼者はもちろん、紛争の相手方に対しても温かい心をもって接すること、そして、それをもって闘うことが両立することを学んだ。そこで、温かい心を持つことと、闘うことの両立ができる弁護士になりたいと思うに至った。

　しかし、これは、実際はなかなか難しいことである。依頼者や相手方当事者に腹の立つことを言われ、ついつい頭に血が上ってしまうことはままあることである。現在も、榊原富士子弁護士と事件を担当する機会があり、この二つのことの両立の難しさと大切さを日々感じさせられている。

2）　素朴な感覚を大切にする。自分の頭で考える。

　もう一つは、今ある実務を妄信的に信用して、それをなぞるのではなく、自分自身の素朴な感覚を大切にし、自分の頭で一つ一つの物事を考えられる法律家である。

　今そこにある実務をなぞることは、深い思考なく事案をこなすことができるかもしれない。しかし、自分自身の「おかしい」「救済したい」というような素朴な感覚こそが、事件に取り組む動機付けでもある。その素朴な感覚を大切にし、「おかしい」と思ったことを正すことはできないのか、「救済したい」と思ったことを実現できないのか、自分の頭で一生懸命考える法曹こそ理想の法律家である。

　これは、私自身、日々の業務に取り組む上で現在最も大切にしていることかもしれない。

3）　知識というツールを得るための日々の研鑽を忘れない。

　既に述べた通り、一流の先生方でも事案の解決のために調査の時間を惜しまない。そういった調査に向けた姿勢は、理想の法曹像に近づくために必要なことである。私自身も弁護士として体現していきたいと思っている。

　ただ、これも実際実務に出てみるとなかなか難しいことであり、日々の忙しさに追われ、知識の面での勉強の必要性を強く感じている。

4）　心理的問題と法的問題の狭間にいる依頼者〜総合的に「問題解決」ができる弁護士に

　特に、家事クリニックでの経験をもとに、多くの依頼者は法的問題を抱えると同時に、多かれ少なかれ心理的な問題も抱えていることを痛感した。しかし、弁護士のところに来ても、心理的問題は解決できないことがほとんどである。それどころか、法的問題についてもあっさりと苦しい見通しを伝えられることがあり、法的紛争の渦中にいる者は心身ともにずたずたになってしまう。

そこで、法的問題だけではなく依頼者の抱える大きな意味での「問題」解決、つまり心理的問題と法的問題を総合的に捉え、解決することができる弁護士を具体的な法曹像として思い描くようにになった。

ロースクール在学中に、法政大学のクリニック事務所である弁護士法人法律事務所リエゾンに所属されている中村芳彦弁護士のもとで、研究会に参加させていただくなど、リーガル・カウンセリングについて学ぶ機会を得た。現在も、中村先生とは心理的問題を抱えた依頼者の事件を一緒に担当させていただき、臨床心理士の方との共同面接なども実施している。

5 実務に出てから

上記のような理想の法曹像を胸に、意気揚々と司法修習、実務の世界へと入っていった。しかし、実務に出てわかったことは、実務教育の偉大さである。まさに衝撃的であった。私にとっての法曹像は、クリニック授業や実務科目で目の前にしていた実務家たちであった。しかし、それは実際の実務の世界では「あたりまえ」ではなかった。自分の受けた教育が、いかに素晴らしかったかを実感した。それはまさに、クリニック授業をはじめとした実務教育を施してくれた先生方が「今の実務と闘う」法曹だったからこそであろう。

私自身は、ロースクールで具体化した理想の法曹像に少しでも近づけるよう日々業務に取り組んでいる。既に述べたところではあるが、依頼者にも紛争の相手方当事者にも温かい心で接することができるよう、榊原弁護士のもと日々修行を積んでいる途中である。また、率直に「どうしてこの人たちが救済されないのか」という感覚をもって、弁護団事件にも参加している。早稲田大学の被災者支援プログラムの一環でもある浪江町支援弁護団や、選択的夫婦別姓の実現を目指す夫婦別姓弁護団、子宮頸がんワクチンによる副反応被害の救済を求める子宮頸がんワクチン研究会などに関わっている。

今のロースクール制度を取り巻く環境は厳しいものであることは、日々の情報で十分すぎるほどに理解している。法曹を志望する人が減少しているこ

ともとても悲しいことである。私にできることといえば、リーガル・クリニック出身者として、ロースクールで実務教育を受けた法曹が、実務の世界で大いに羽ばたいている様子をお見せすることであり、それが先生方に対する恩返しにもなると信じている。今後のクリニック教育にとって少しでもプラスになることを願い、日々の業務に精一杯取り組んでいきたい。

リーガル・クリニックでの経験と刑事弁護

弁護士 趙　誠峰

　私は、早稲田リーガルコモンズ法律事務所のパートナー弁護士なので、まず最初に早稲田リーガルコモンズ法律事務所について紹介させていただきたい。この事務所は、私を含め早稲田ロースクール修了生約10名が中心となって、去年３月に設立した新しい事務所である。ロースクール世代の弁護士が中心になってつくった事務所であり、現在、弁護士が約21名となった。

　この事務所の特徴は、ロースクール世代の弁護士がつくった事務所であるということともに、ロースクールの学生にエクスターンシップで事務所へ来てもらい、我々若手弁護士と一緒に事件に取り組んでもらうということを定期的に行っていることだ。早稲田の修了生を毎年数人アソシエイト弁護士として迎え入れ、一緒に事件に取り組むなかで経験を積んで巣立ってもらう、という機能を果たしている。

　私は、この早稲田リーガルコモンズ法律事務所で弁護士をやりながら、ロースクールのアカデミックアドバイザーとして現役のロースクール生に定期的にゼミを行うなどしている。私自身が、弁護士になった後もロースクールにかかわり続けている一番の理由は、まさに「ロースクールは私の人生を変えた」という思いが強いからだ。それほどロースクールで受けた教育、経験はすばらしいものだった。その経験を少しでも次の世代の後輩たちに伝えたいという思いから、早稲田リーガルコモンズ法律事務所をつくり、アカデミックアドバイザー等で後輩にかかわり続けている。

　普段は、弁護士として刑事弁護の保守本流というか、ど真ん中のことをやっている。裁判員裁判を含め、多くの刑事事件をやっている。特に刑事弁護の法廷での弁護技術などについて、新人、若手弁護士の講師のようなこと

もやっている。また、全国に散らばっている法テラスのスタッフ弁護士の刑事弁護の相談室のようなところで相談役をやったり、刑事弁護に関する執筆、雑誌を作るなどしている。弁護士会の委員会活動もおこなっている。

このように、私が刑事弁護漬けの弁護士生活を送るようになった理由を話すには、刑事クリニックで刑事弁護に出会ったことに遡る必要がある。私は弁護士6年目であるが、早稲田リーガルコモンズ法律事務所をつくるまでは、早稲田ロースクールの刑事クリニックの教員であった高野隆弁護士のもとで5年間の下積み生活、弁護士活動を行ってきた。その中で刑事弁護のいろはを一から学び、無罪の判決をとることも経験できた。

更に遡ると、私は2004年4月に1期生として早稲田ロースクールに入学した。早稲田大学の法学部の新卒で、社会人経験もなく、たまたまちょうどよいタイミングでロースクールができたので、ロースクールに意気揚々と入学した。その頃は、何の悩みもなく大学生活を送り、刑事弁護をやろうという強い思いがあったわけでもなく、いろいろなことに興味があるという、よくありがちな学生だった。

私が刑事弁護に興味をもつことになったのはロースクールで実務家教員として刑事弁護を教えられていた四宮啓先生と高野隆先生という超一流の実務家に出会ったからに他ならない。刑事訴訟実務に関する授業がいろいろあるなか、2人の先生から刑事弁護について話を聞くにつれ、刑事弁護はおもしろいのでないかと興味を抱くようになった。そして、ロースクール2年生の夏休みに、刑事クリニックという授業を受講することになった。

この刑事クリニックは、教員1人に学生4人というチームで行われた。基本的には、そのチームで、1つの事件を担当した。当番弁護士として待機し、弁護士のところに要請があれば学生も一緒に接見に行く。このようにして、当番弁護からスタートし、高野弁護士とともに一から事件に関わることができた。

ここで、私が経験した事件をごく簡単に紹介する。1件目は住居侵入事件で、軽微な事件だった。逮捕直後に依頼があり、家族の陳述書や身柄引受書

などの書類を作成した上で、勾留に対する準抗告を申し立てたところ、認容されるという成果を上げることができた。我々が何かをしたわけでもないかもしれないが、翌日に依頼者が釈放された。学生として初めて接見に行き、そのときはアクリル板の向こうにいた人と、次の日には事務所で会い握手をするという、衝撃的な体験をすることができた。これは私にとって非常に大きな経験だった。

　1件目の事件が1日、2日で終わってしまったのでもう1件やろうということで取り組んだ事件が、傷害の否認事件だった。起訴された後、第一審の公判弁護活動を精一杯やった。しかし、残念ながら有罪判決だった。ちょうどそのタイミングで私たちは受験勉強をしなければいけなくなり、控訴審の弁護は我々の1個下の世代に引き継ぎ、その後もクリニック事件としてやり続けた。控訴審も有罪となったが、私たちが司法試験が終わった頃に上告になったので、これをもう一度クリニックとしてやろうということになり、私も参加して上告趣意書を作成した。最終的に有罪判決となったが、長い事件で、ある意味私のルーツになっている事件だ。

　また、クリニックならではの活動を一つ紹介する。この事件は起訴されてから長期間保釈が認められておらず、なぜこれで保釈が認められないのかと、私たちは学生ながらに憤っていた。何とか裁判官に保釈を認めさせようと我々学生が考えたのは、当時出たばかりだったGPS機能付き携帯電話を契約し、保釈された依頼者に持たせ、我々が定期的にその人の居場所を監視するということだった。これを、「保釈請負くん」と名付けてシステムを作り、実際に携帯電話の契約をし、仕様書のような書類を作り、保釈請求書を出した。

　司法修習を経て弁護士になった後には、そういう活動はなかなかできない。研修所という同じ屋根の下で同じ釜の飯を食う前だからこそできた活動なのかもしれないが、当時学生の自由な発想でそういう活動をいろいろやったことはとても思い出深い。

　そして、そういうクリニックでの経験が、私を刑事弁護の道へ導いた。何

がそうさせたかというと、徹底的に「当事者」としての意識を植え付けられたということがあったのでないかと思う。法学部で法律の勉強をするときは、第三者的、中立的な立場で物事を見がちであった。それは致し方のないことなのだろうが、クリニックで実際の事件に携わることで、事件を一方の当事者から見ることを学んだ。そのことが刑事弁護に対するおもしろさ、興味深さにつながったのでないかと思う。

　高野弁護士も、四宮弁護士も、学生に様々な経験をさせてくれた。もちろん最後は先生がすべてチェックし、自らの責任でやられているわけだが、学生の手にまず委ねるという姿勢でクリニック教育は進められていた。そのことで、学生としては非常に勉強になった。単にロースクール教員の事件を手伝っているというのでなく、「学生たちの事件」、「私たちの事件」という感覚で携わることができた。

　上告まで関わった傷害事件の依頼者も、学生を単なる手伝いということでなく、「一先生」として接してくれた。そして、私が弁護士になった後も、その依頼者とは交流が続いている。そういう関係を築けたのは、「私たちの事件」、「学生たちの事件」として取り組むことができたからでないかと思っている。何より、一流の弁護士とともに事件に取り組むことで、一流の弁護士の事件に対する取り組み方、訴訟活動などを間近に見ることができた。そのことが、私を刑事弁護ど真ん中へ導いたのでないかと思う。

　クリニック教育の成果と法曹という職業ということに関して、クリニックから始まって刑事弁護士の道を歩んだ、私の経験の一部を紹介させていただいた。

リーガル・クリニックでの
経験と裁判官の仕事

東京地方裁判所判事補　中川真梨子

1　はじめに（自己紹介）

　私は、平成23年に早稲田大学大学院法務研究科未修者コースを修了後、司法試験に合格し、平成25年1月に裁判官に任官し、現在、東京地方裁判所民事部で左陪席をしている。今日は、私がクリニックの活動で学んだこと、クリニックでの経験と現在の仕事との関係について、報告させていただきたい。

2　刑事クリニックでの活動

　私は、未修者コース2年目の夏休みに刑事クリニックを受講した。刑事クリニックでは、2年生が3人、3年生が1人のグループで、実務家教員として、本日司会をされている神田安積先生にご指導いただきながら、二つの事件について弁護活動に関わった。

　1件目は、住居侵入の容疑で逮捕された被疑者の弁護活動、2件目は、強盗事件の公判前整理手続及び公判手続における弁護活動だった。今日は、一つ目の住居侵入の事件で特に印象に残っていることを二つ紹介させていただきたい。

　同事件は、被疑者（以下「A」という。）が、明け方、1階が店舗、2階が自宅となっている店舗兼住居に、ガラス戸を壊して侵入した疑いで逮捕された事件である。Aは、住居不定無職、事件については酔っ払っていて覚えていないと容疑を否認していた。

3　依頼者の鞄探し

　印象に残った一つ目の出来事は、Aから、初回接見の際、「○○駅西口の路上に鞄を置いてきてしまったので取ってきてくれないか。」と頼まれたことである。私たちは、「依頼者の希望どおり取りに行こう。」と無邪気に話していた。その時、神田先生が、私たちに対し、「もし鞄の中に違法なものが入っていたらどうするのですか。」と質問した。少し冷静になって考えてみると、仮に鞄の中にお金が入っていた場合、依頼者に鞄を届けた後で、依頼者から「お金がなくなった。どうしてくれる。」と言われ、トラブルになる可能性もある。神田先生からの質問を受け、私たちは、鞄を探すことによりどのようなメリット、デメリットがあるかについて話し合った。そして、接見で聞いた話によると、Aが違法なものを所持していたとは考え難いこと、Aは住居不定のため、生活に必要なものの多くが鞄の中に入っていたこと、Aの鞄を見つけてほしいとの希望が強かったことから、見つかればAとの信頼関係を築くきっかけになる可能性がある反面、リスクもあまり高くないと考え、鞄を捜すことを決めた。真夏の暑い中、2日間、捜し回ってようやく無事に鞄を見つけ、Aに差し入れることができた。接見をした神田先生から、Aも喜んでいたと伺った。

　この出来事を通して、私は、「依頼者のため」にどう行動するかを考える上で、様々な視点で考える必要があることを学んだ。自分がとろうとしている行動にはどのようなリスクが伴うのか、一度立ち止まって考えること、メリット、デメリットを検討した上で判断し、行動することの重要性に気付かされた。

4　準抗告での出来事

　もう一つ印象に残っている出来事は、勾留決定に対する準抗告をしたときのことである。私は、準抗告の起案中、勾留の必要性について、「本件は軽微な事件である。」と記載した。この記載に対し、神田先生から「本当に軽

微な事件でしょうか。」との指摘を受けた。住居侵入罪の法定刑は、3年以下の懲役又は10万円以下の罰金であるが、これは、軽いのだろうか。

　今回の事件の犯行態様は、犯人が、明け方、ガラス戸を割り、他人の家に侵入したというものである。被害者にとっては、想像もしていなかった重大な出来事である。実際に、被害弁償のため被害者を訪ねた際、被害者から「本当に怖かった。犯人のことは許せない。絶対に近寄らないでほしい。」と言われた。私は、被害者側のことについて、全く考えていなかったことを反省するとともに、被害者等の反対当事者のこともきちんと考えなければ、依頼者である被疑者のために有益な弁護活動もできないことを痛感した。

5　クリニックでの経験を経て、今思うこと

　私は、元々、身近に法曹三者の職業に就いている人がいなかったため、クリニックを受講する前は、漠然と法律に携わる職業に就けたら良いなと思っていた。クリニックで初めて、第一線で活躍されている弁護士の姿を間近で見て、さらに、自分で弁護活動をし、実務家教員と議論をし、一緒に考え、活動することができた。この経験の中で、自分の中に目指すべき実務家像をイメージすることができるようになった。これは、私にとって、実務家を目指していく大きな第一歩だったと思う。

　その後、当事者の最善の利益のために行動できる弁護士になりたいと思い、司法試験を迎えた。司法修習に行き、裁判官になることを決めたが、クリニックで抱いた理想の法曹象は、今も根本的には変わっていない。弁護士は依頼者のために活動する。裁判官はどうか。私は、修習の際、裁判官の仕事を見て、裁判官は第三者的な立場から紛争をどう解決すべきかを考え、行動していると感じた。

　裁判所は、紛争状態からの早期解決を図るための司法サービスを提供する機関である。この言葉は、任官後に聴講した東京高裁長官の講話の中で、とても印象に残っている言葉である。紛争状態にある人が、中立、公正な判断を求めやってくるところが裁判所だと思う。弁護士と裁判官は、立場が違う

が、紛争解決を目指す点では同じである。

クリニックで依頼者の利益を実現させるためには、真摯に事件、当事者と向き合い、問題について多角的な視点で検討し考えるという姿勢を学んだ。それは、裁判官にとっても同じである。適切、公正な判断をするためには、事件の当事者双方の主張と向き合い、そこにある問題に立ち向かわなければならない。多角的な視点で検討し考えることも必要である。

6　最後に

クリニックで学んだことは、これから実務家として歩んでいく中で、常に追い求めていかなければならないものと考えている。

ロースクール在学中という法曹を目指し始めた時期にクリニックに参加し、自分たちで考えながら弁護活動をし、失敗をしていく中で、実務家として重要なことを実感したことは、かけがえのない貴重な経験であり、今の私の大切な土台になっている。

リーガル・クリニックでの
活動と企業法務

株式会社ジェイテクト 法務部　西　澤　尚　希

1　早稲田大学リーガル・クリニックの思い出

　私は、2007年後半から2008年前半にかけて、早稲田大学リーガル・クリニックの民事クリニックの活動に参加していた。

　当時、民事クリニックと刑事クリニックがそれぞれ3班前後に分かれて活動していたほか、障がい者関係の問題を扱うものなど専門分野に特化したクリニックが存在していた。一方、行政事件を専門として扱うカリキュラムはなかったと記憶している。その頃のクリニック事務所は学生の立ち入りが比較的自由であり、いろいろな班の学生たちが集まって、自分たちの課題について検討し、議論を重ねていた。特に刑事クリニックに所属する学生は、刑事手続の時間的制約もあってか、寸暇を惜しんで取り組んでいたように思う。私が民事クリニックのために早稲田リーガル・クリニックの事務所を訪ねたときは、いつも、刑事クリニックの誰かはいるであろうと考えていたことを覚えている。

　法務研究科のなかでも、リーガルクリニックで特に活発な議論が行われていたのは、実際に起きている法律問題に向き合っている、その解決の助けとなりたいという意識があったからではないかと思う。何よりも、学生本人がやりがいを感じ、仲間たちと協力しながら、楽しんで取り組める環境にあったことが大きいと考える。

　また、私の所属していた班のやや特殊な経験として、従来は1期で終了するところ、2期続けて同じメンバーで同一の事案に取り組んだことが挙げられる。いろいろな事情があったものの、当然ながら実際の事件が学生のスケ

ジュールに合わせてくれるわけはなく、同じ仲間たちと一つの問題に時間をかけて取り組めたことは幸運だったと思う。

2　ボートピア訴訟について

　民事クリニックで2期にわたって取り組んだ案件を、我々はボートピア訴訟と呼んでいた。訴訟提起前の段階からリーガル・クリニックに相談が持ち込まれ、我々の先輩が取り組んでいたものである。

　事案は、JR駅付近にボートピア（場外舟券売場）が建設されることとなり、住環境の悪化等を懸念する周辺住民が反対したというものである。周辺住民からの相談を受け、小島延夫先生の指導のもと、原告側代理人として訴訟の終了まで対応した。実際には多岐にわたる問題・論点があったが、法的手続としては民事訴訟と行政訴訟の二つの訴訟が並行して進められた。私が参加した時点では、すでに行政訴訟、民事訴訟それぞれが控訴審の段階を迎えており、結果的に上告、上告受理申立を経て、いずれも最後まで見届けたこととなる。

　具体的にはボートピア施設ができることによる犯罪発生率の増加や青少年への悪影響という周辺民の心配に様々な事実の裏付けを与えて法的主張として整理するほか、関係省令の不備を指摘するなど法務研究科で学んだ知識を生かして問題を発見し、依頼者の求めるところを実現するために努力していた。また、JR駅周辺に赴き、実際の状況を調査する活動も行った。

　結果は、残念ながら両訴訟共に原告側の敗訴となった。周辺住民への最後の報告会で、小島先生から、訴訟で主張が認められなかったからといって終わったわけではない。これからも周辺環境の維持に努めていくことが大事である、という言葉があったことを印象深く覚えている。

　訴訟提起の段階から関与することができなかったこと、検討すべきことが多く新規の法律相談を受ける時間が少なかったことに心残りはあるものの、長期間にわたって取り組み、その結論までを見られたことは、法務研究科生のなかでも他にない、貴重な体験であったと思う。

3　リーガル・クリニックから得たもの

　現在、いわゆる企業法務部の一員として勤務する私には、訴訟代理人や直接の当事者として訴訟に関わることは無いと言ってよい。それでも、現在の業務のなかで一番役立っていると考えるのは、リーガル・クリニックでの活動経験である。

　なによりも、実際に発生している問題に対処するという緊張感を体験できたことが大きい。ロースクール構想のもと、実務と理論の架橋のための充実した教育が法務研究科で行われているが、それも過去の事例をもとに考えるものや、一般的に社会に存在する問題を取り上げるものにならざるをえない。具体的な誰かのために個別の状況について一定の期間内に対処して結論を出すということは、通常の学生には経験が難しいことではないかと考える。

　また、経験豊富な指導者のもとで学生のうちに実際の問題に対処するという経験をしているかどうかは、実際の業務で同じ場面に遭遇したときの心構えに大きく関わってくる。特に法律に関する臨床的な問題については、参考とできるものが限られている。お手本となる先達の指導のもと、実際の経験をしたことがない者が、数回の体験をかけて模索していくことを事前に会得できることに、リーガル・クリニックの活動の計り知れない価値があるように思う。

　さらに、このような経験をチームで行うことにも意義がある。単にグループで問題を検討するというところに止まらず、制約が多くなるなかで最善の結果を出せるように話し合い、役割分担をして対処すること、その達成感を共有することは、一人では解決することのできない問題に遭遇したときに何をするべきかを教えてくれたと考えている。

　最後に、企業法務部の立場から、法律専門家との付き合い方について、早稲田大学リーガル・クリニックでの活動から多くの示唆を受けたと思う。業務のなかで専門分野に詳しい弁護士に相談をしたり、訴訟等の手続に関与したりすることもあるが、そのときに専門家が何を考えるか、どうすればこち

らの状況や意図が正確に伝わるのかを、自分が経験した活動のなかから予想することができるのは、業務を円滑に進めるために役立つことも多い。また、リーガル・クリニックに直接関係しないが、他社での話として、他のロースクールで法律実務を体験するカリキュラムを学んだ者が入社して以来、顧問の弁護士との意思疎通が格段に改善し、社内でも喜ばれたということである。専門家との協調のうえで、自分が法律家実務を経験したことは、大きなメリットとなると考える。

4　これからの早稲田大学リーガル・クリニックに求めるもの

　日本の社会の法化は、着実に進んでいると感じる。社会に生起するトラブルを法的に考察することも増えていくが、それは純粋な訴訟案件の増加とはかぎらないのではないかと考える。法的分析を基礎に、的確なアドバイスを行うことで紛争や訴訟を未然に防ぎ、さらに社会や組織の発展に貢献することに、より重点が置かれることになるのではないだろうか。

　そのとき、法律を専門に学ぶ学生が実際の問題と向き合い、主体的に活動するリーガル・クリニックが、心構えやノウハウを授ける特色ある場として意義を持つことを願う。

リーガル・クリニックの可能性

弁護士（前早稲田大学大学院法務研究科教授）
日 置 雅 晴

1 早稲田大学における行政クリニックの取り組み

　早稲田大学では、一般的な民事や刑事にとどまらず多彩なクリニック科目を開講している。私が在籍中は、民事・家事・ジェンダー・行政・刑事・障がい者・商事・労働・知財などが開講されていた。

　分野により、実際に事件を扱うのではなく、事例演習的にやるものや、講義中心の科目もあるが、民事・家事・労働や私が担当していた行政などのクリニックは、実際の生の事件を取り扱うクリニックである。

　大学によっては、実際の事件を扱うとしてもあらかじめ教員が依頼者と面接してヒアリング等を行った上で、それを授業素材として学生に検討させるような方法をとっているところもあるが、早稲田の場合、原則として学生が当事者からのヒアリングや応答、必要な書面作成等をすべて担当する。現地調査が必要な場合には現地に出向くこともある。行政不服審査請求や監査請求などは代理人資格に制限がないので、実際に代理人として行動してもらったこともある。

　実際の相談では、実務家教員と当該分野の研究者教員が原則ペアとなって指導に当たるのが、早稲田のリーガル・クリニックの特色である。ちなみに、この実務家と研究者がペアとなって指導に当たるという方法は、当該事案の抱える問題について、実務的観点と学問的観点からの議論が常に交わされることになる。特に原告適格や処分性など、行政法の分野でも様々な考え方が想定できる論点においては、実務家・研究者にとっても刺激的であり、学生

だけでなく教員も、こういう視点もあったのかという新たな視点や考え方を見いだすことができた。このような指導は、実務家だけが現実の事件に実務家として取り組む場を見せるという方法で指導に当たる司法修習ではなかなか得られない側面であり、まさに法科大学院が掲げた実務と研究の架橋という理想の実践と言うことができよう。

1） 行政クリニックにおける具体的な相談方法

　行政事件や環境事件は、かなり法的論点も事実関係も複雑な事案が多く、一度の相談で大まかな回答を出すというような対応は困難な場合が多いこと、そもそも一般的な法律相談窓口に普通に相談に来ることは少ないことから、担当教員に相談がきた案件の中からクリニックで扱うのに適した特定の事件に対象を絞って、集中的に学期を通じて取り組むというスタイルを中心とした。もちろん補充的に適切な相談案件がクリニック窓口に入れば機動的に対応することもあった。

　クリニックのスタイルとしては、1学期中に当事者との面談、ヒアリング、学生による調査、必要書類の草案の作成、当事者との書類の確認作業などを行い、その期間に可能な作業をまとめ上げるというスタイルを中心として行った。

　原則として授業時間に議論を行い、次の授業までにやることを定め、学生は調査や検討作業を適宜行い、次回報告・議論を行う。必要に応じて適宜現地調査や当事者からの追加聞き取り、当事者への現地説明会なども盛り込んだ。この繰り返しで、学期中に目標の作業を完了することとした。

　受講生は学期によりばらつきがあったが、3名から8名ぐらいなので、おおむね2から3チームを結成し、それぞれに担当課題を割り振り、平行して作業を進めてもらった。授業時間中は、すべてのチームが実務家教員と研究者教員のいるところで一緒に議論することで、担当していないチームのメンバーもほかのチームの問題について経験できる機会を持つようにした。

2） 取り上げた事件

　5年間に取り上げた事件は、主な事例をあげると、開発許可取消請求事件、道路供用開始決定取消請求事件、障害年金支給額変更処分取消請求事件、住民訴訟事件、街頭騒音の事案、原発事故自治体の抱える問題・公有地払い下げと巨大マンション建設問題など都市問題や環境問題に関わる行政訴訟などである。

　手続きとしては、当事者からのヒアリングや現地説明会での法的問題の解説、審査請求や監査請求などの行政段階での対応、法律意見書の作成、訴訟対応（提訴から準備書面の作成、控訴理由書や上告理由書、上告受理申立理由書等の作成）など、様々な行為を取り扱った。もちろん学期で完結しない課題も多く、それについては、次の学期に申し送り、継続して取り組んだものもある。開発許可と道路供用開始決定の案件は、提訴から最高裁まで一貫してクリニックで取り組んだ事案である。

3） クリニックにおける獲得判決等の成果

　障害年金支給額変更処分取消請求事件については、再審査請求の申立を期間徒過として却下した裁決を取り消す判決（東京地裁平成24年9月12日判決判例時報2179号52頁）を獲得し、当該事案は判例時報と判例タイムスに掲載された。また開発許可を巡る取消訴訟は、原告もロースクールの教員であったことから、訴訟における法律意見書がLaw and Practice誌に掲載されるなどした。

　この事案は、原告適格について、大阪高裁と東京高裁で判断が異なる部分があり、その点に関して最高裁の判断が得られるかと期待したが、残念ながら判断は得られなかった。しかし、原告適格について相当集中した議論を行うことができた。

2　行政法学習の観点から見たクリニック

1）　行政法の特殊性

　行政法が民法や刑法と異なる最たる点は、統一された法典が存在しないことから、統一的・体系的な理解が容易ではないことと、複雑な行政相互関係や重層的な行政法規の体系がわかりにくい点である。

　併せて行政訴訟という特殊な訴訟形態をとっており、原告適格や処分性という通常の民事訴訟とはかなり異なる、しかもかなり難解な概念が登場する点である。

　普通の授業では、検討すべき素材は配布された紙の資料に限定されるが、クリニックでは、そもそも当該事案に適用される法令が何であるか、どのような法的対応の仕組みがあり得るかという点から、政令・施行令・施行規則・告示や通達・運用指針・審査基準といった複雑な体系を自ら調べるとともに、その関係を解きほぐして考察する必要がある。

　その中で、現実の行政法規と行政訴訟の運用の一端と現実的な問題の所在を知ることができる。

2）　現場を見て考える

　普通の授業では、判例等も文章で見るだけであるが、クリニックでは、原則として現地を見たうえで考察を行うことになる。原告適格についても、単に理屈で考えるだけではなく、現地の敷地や周囲の状況・原告の位置関係などを見た上で、それが法的な結論にどのように反映されるべきかを考え、そのために必要な事実は何かを検討する必要がある。また、当事者から生の声を聞き、それを法的な主張に高めていく工夫も必要となる。さらには、当事者に法的問題を説明することとなれば、原告適格や処分性など頭の中ではわかっている概念であっても、普通の人にわかるように、かつ正確に法的問題を伝えることが要求され、自らの法的理解力と説明能力が試されることとなる。

事案によっては、当事者の集まった集会で学生が事案の抱える法的問題について解説することもあり、学生は当事者とのコミュニケーションやプレゼンテーションの重要性も経験することができた。

多くの受講生は、理論で学んだ行政法上の諸概念を現場で考えることで、さらに深く理解することにつなげられたと思う。

3） 様々な方法を考える

ある目的を達成するための手段は、様々な方法が考えられる。特に行政法の中でも環境問題や開発問題に関係する分野では、市民の目的とする目標を達成するために、様々な法的・非法的方法が考えられ、それらの特質を柔軟に考察し、依頼者と協議していくことが求められる場合が多い。法律意見書を作成するような場合には、学生の知識を総動員して可能な手段を考え、得失を比較する作業を通じて様々な手法の可能性と限界に触れることができた。

3　クリニックを中心とした学生との交流

行政クリニックは数名程度の少人数授業であること、チームで作業に当たること、現地調査等で一緒に旅行することなどもあり、他の授業以上に受講生相互・受講生と教員の交流は密であり、多いときにはほぼ毎回講義後に飲食をしながら語り明かすと言うこともあった。

またその延長として、クリニックOBを含めた懇親会や、夏期休暇中にOBと在学生が一緒に合宿をして、学習指導を行ったりするなどのつながりも生まれ、卒業後も修習や就職に関する情報交換なども継続し、様々な機会を捉えての受講生・教員の交流が継続している。普通の大学院生なら、指導教員の研究室を通じて上下の学年の交流や教員との密接な交流があるが、法科大学院においては少人数授業が一定その代替となっている側面がある。

4　クリニックの改善点

個人的には、行政クリニックを通して様々な試みが可能となったと考えて

いるが、いくつか改善点を指摘しておく。

1） タイミング良い事件との組み合わせ

　行政クリニックでは、原則として特定の案件を学期を通して扱うこととしていたが、その場合学期はじめに対象となる適切な案件が存在する必要があるが、短い出訴期間（審査請求の場合60日）の制約から、タイミング良く、クリニック対象として適切な案件を持ち込むことは容易ではない。いかに対象事件の候補を適宜提供できるかは難問であり、対象事件確保のためのネットワークが重要となる。

2） 他の授業との関係（時間の確保）

　現地調査等を計画するとどうしても土日などにならざるを得ない。また事件として重要な日程（審査請求とか証人尋問とか）が予定されていても、授業の予習などとの兼ね合いや中間テストなどとの兼ね合いで、正規時間以外に時間を確保することが容易ではなく、結果的に機動的な対応ができないこともあった。

　5年間の中でもカリキュラムの厳格化などもあり、最初の頃よりだんだん学生の時間的余裕がなくなっていく感じを受けた。生きた素材を扱うクリニックとしてはフレキシブルな時間の確保も課題の一つである。

3） 発展的活用としての若手実務家や被災者支援との連携

　経験を積んだ実務家と、研究者による指導は、ある意味実務に出て数年程度の若手弁護士にこそ必要とされる指導・教育方法かもしれない。若手弁護士が実際に実務で悩んでいるような素材をクリニックに持ち込んでもらい、それを学生も含めて共同で解決に向けて研究をする。そういう体制が取れれば、学生にとっても若手弁護士にとっても得るものは大きいと思われる。卒業生の法曹と連携して、そのような体制が作れれば法科大学院の新しい機能として有益であろう。

できれば、社会の中で生起する全く新しい問題を、積極的に取り組みたい新人実務家が法科大学院のクリニックに持ち込む、いわば医学の分野における開業医と大学病院のような関係が一つの理想である。

　なお、福島における原発賠償や被災地支援の問題に関しては、早稲田大学の法科大学院教員有志と卒業生の弁護士が、弁護団と支援研究者を立ち上げて活動しており、そこに学生も事実調査等で協力するという体制がとられ一定の成果を上げている。福島県浪江町の原発事故に伴う浪江町の被害実態報告書は、法科大学院生多数の協力によって作成されたものである。民事クリニックの中には、路上生活者の支援活動などに学生も参加したりしているが、今後リーガルクリニックを通じた災害被災地支援や弱者救済などを制度化していくことも新たな課題である。

弁護士法人早稲田大学リーガル・クリニックの運営上の課題等について

弁護士　外山太士

1　早稲田大学のクリニック・プログラムの概要

1）　種類

　本学の臨床法学教育プログラムには、現在進行中の生の案件を素材とするタイプ（ライブケース型）と、仮想事例や過去の案件を素材とするタイプ（シミュレーション型）の2種類がある。ライブケース型には、民事、家事、行政、労働、刑事、及び外国人の各クリニックが該当し、シミュレーション型には、知財、商事、及び障がい者の各クリニックが該当する。弁護士法人早稲田大学リーガル・クリニック（以下、「クリニック事務所」という。）が関与するのは、主としてライブケース型である（但し、外国人クリニックについては、難民事件という特殊な案件を取り扱う関係上、クリニック事務所の関与は少ない。）。

2）　実施規模

　実務家教員及び研究者教員各1名のペアが、3から5名程度の学生を担当する形態が基本形であるが、クリニックにより若干のバリエーションがある。
　民事クリニックはAからCの3班に分かれ、それぞれ前述の基本形の形態で実施している。なお、A班は一般民事案件、B班は外国人の入管・家族法案件、C班は消費者法案件のほか、ホームレスの方への相談や離島相談なども取り扱うなど、それぞれ特徴を出した活動を行っている。労働クリニックは1班制で、基本形の形態で実施している。行政クリニックも1班制であるが、受講生数が10名程度と比較的多い場合であっても受け入れることがある。

家事クリニックは、教員6名に対し、受講生は10名から15名程度であり、民事クリニックのように恒常的な班分けはなされていないが、受任案件に応じてアドホックな小グループを形成して活動している。

　刑事クリニックは、受講生20名前後をAからEの5班に分け、各班に教員1名を配置して実施している。学生の活動を補佐するため、若手弁護士1名がアカデミック・アドバイザーとして配置されているのが特徴である。

3) クリニック講座の実施の手順－民事、家事、行政、及び労働クリニックの場合

　受講生には、開講日の数日前までに、当日来所予定の相談者の相談案件の概要を、クリニック事務所事務局においてまとめたものが配布される。受講生は、これを検討した上で、関連法令及び判例を調査し、当日に相談者から事情聴取すべき項目を準備しておく。

　開講日（相談日）当日は、来所した相談者から受講生が主体になり40分程度事情聴取した後、相談者に一時退席してもらって、受講生と担当教員とで回答内容につき20分から30分程度協議し、その後相談者に再度着席してもらって、相談結果を説明することとしている。

　当日の相談だけで終了する場合もあるが、継続相談となる場合もあり、また、案件の処理に関係する書面（内容証明郵便、簡単な訴状や準備書面など）を作成することもある。受任して担当教員が代理人となり事件処理をする場合には、依頼者からは原則として実費のみを受領するが、法テラスの民事法律扶助制度が利用可能であったり、相手方から金銭を得られた場合など、依頼者と協議のうえで報酬金等を受領する場合もある。

4) クリニック講座の実施の手順－刑事クリニックの場合

　刑事クリニックは、他のクリニックと異なり、休暇期間（春学期は8月秋学期は2月にそれぞれ約4週間）に開講され、集中的に被疑者弁護活動を行う形態で実施される。取り扱う案件は、弁護士会の協力を得て、弁護士会に対

し当番弁護士の要請があった事件（ただし、裁判員裁判の対象となる重大事件は除く）の中から配てんを受けている。依頼者には、クリニックで取り扱うために受任することの説明をし、その承諾を得たうえで、私選弁護人として受任するが、弁護士費用は無償である（実費は請求する場合がある）。受講生は、担当教員とともに、または単独で、依頼者と接見し自ら発問も行うが、現在の制度上は弁護人接見ではなく、一般接見となるため、収容施設の職員の立ち会いが付く。接見の結果を基礎に弁護方針を検討し、関係者と面談したり、書面作成などを行う。開講期間の初日にはガイダンスとして模擬接見を行い、最終日に各班の報告会を実施している。

5） 受講生数及び取り扱い相談件数の推移

クリニック事務所に統計の残っているものをとりまとめると下記の表のようになる。

受講生数は、ここ6年間であまり変動していない。近年、法科大学院への志望者が減少したことから、本学においても入学定員を減じるなどし、また、法科大学院生の間に、基礎科目を重視し、在学中から司法試験準備に時間を割く傾向が強まっていると言われるが、その影響は今のところ受講生数には現れていないようである。「早稲田に入ったのだからクリニックを受講したい」といった声も学生からよく聞かれる。

他方、取り扱い相談件数を見ると、2009年の59件をピークに、2013年は43件まで減少している。近年、クリニック事務所では、クリニック科目に用いる相談案件の確保に苦労している実態があり、このことは後に詳しく述べる。

クリニックデータ（教員・受講生・相談数）
*2014年5月現在・把握している限りのものです

		全クリニック		民家行労（抜粋）			相談状況			
		教員数	受講生数	教員数	受講生数		申込	相談	終了	継続
2007	春					春	26	19	16	3
	秋					秋	45	36	31	5
	年間合計	0	0			年間合計	71	55	47	8
2008	春					春	26	19	18	1
	秋					秋	33	25	24	1
	年間合計	0	0			年間合計	59	44	42	2
2009	春	27	42	14	20	春	24	20	17	3
	秋	24	62	15	39	秋	41	25	22	3
	年間合計	51	104	29	59	年間合計	65	45	39	6
2010	春	26	64	14	28	春	32	25	21	4
	秋	26	58	16	26	秋	56	34	31	3
	年間合計	52	122	30	54	年間合計	88	59	52	7
2011	春	28	71	17	34	春	46	27	18	9
	秋	27	72	17	34	秋	58	24	16	8
	年間合計	55	143	34	68	年間合計	104	51	34	17
2012	春	28	73	16	39	春	38	26	22	4
	秋	25	62	16	28	秋	43	21	18	3
	年間合計	53	135	32	67	年間合計	81	47	40	7
2013	春	29	75	18	27	春	43	22	20	2
	秋	25	59	18	36	秋	45	21	20	1
	年間合計	54	134	36	63	年間合計	88	43	40	3
総計		---	---	---	---		---	426	245	205	40
平均		---	---	---	---		---	85	49	41	8

注1：全クリニックとあるのは、民事、家事、行政、労働に加え、刑事、外国人、知財、商事、障害者クリニックを含む数値である。民家行労とあるのは、全クリニックの数値のうち、民事、家事、行政、労働クリニックに関する数値である。

注2：相談状況のうち、申込とあるのは、クリニック事務所において法律相談の申込を受け付けた件数であり、相談とあるのは、受け付けた案件のうち、実際にクリニックで相談を実施した件数である。この相談件数以外に、クリニック教員が自らの案件を持ち込む場合があり、その数字は把握されていない。

注3：2007年と2008年の相談状況は、民事クリニックのみのものである。注4：総計と平均は、2009年から2013年を対象として算定している。

2　クリニック事務所の役割（民事、家事、行政、労働について）

　クリニック教育の実施において、クリニック事務所が果たしている具体的な役割について説明する。

１）　案件の募集

　クリニック事務所では、常時、クリニックの教材に使用する目的という条件付きで、無料法律相談の受付を行っており、その旨を事務所のホームページなどで広報している。かつては、地元商店街の協力を得てビラを配布したり、本学近辺を走行する都バスに車内広告を行ったこともあったが、ほとんど効果がみられなかったため、最近では、本学関係者に対する広報に重点を置いている。在学生だけでも５万人を超えており、その家族や教職員を加えると、相当数の母集団が存すること、早稲田大学の協力を得ることでほとんど費用が掛からず広報を実施できること、関係者が早稲田大学に対して一般的に有する親近感や信頼感を生かすことができることといったメリットがあるものと考えている。具体的には、本学のホームページや法科大学院のポータルサイトに無料法律相談の案内を掲載したり、同窓会誌にクリニック活動を紹介する記事を掲載するなどしている。早稲田カード（早稲田大学の卒業生向けに提供されているクレジットカード）の毎月の利用履歴を郵送する際にクリニック事務所での無料法律相談の案内を同封していただいたこともあった。なお、平成25年より、クリニック事務所は、法テラス東京地方事務所の指定相談場所に指定されたため、同事務所から案件の紹介を受けて低所得者に対する法律相談を実施しやすい態勢となった。

　クリニックは、春学期と秋学期の学期中しか実施されていないので、閉講期間中に申し込まれた無料法律相談への対応が課題となるが、クリニック事務所では、閉講期間中であっても無料法律相談を受け付け、急ぎの相談でなければ次の学期開始まで待っていただくよう誘導し、急ぎであれば、クリニック教育に以後は協力していただくことを条件に、事務所所属弁護士がと

りあえず無償で相談に応じるなどの対応を採ることにより、外部からは、クリニック事務所が時期を問わず無料法律相談に対応しているように見える工夫をしている。

　担当教員や事務所所属弁護士に対しては、各人の受任案件で、クリニックでの利用に適しており、かつ、依頼者からも同意が得られるものについて、クリニックの教材に提供していただくよう広く奨励している（持ち込み案件と呼んでいる。）。実際にも、このような案件は、クリニックで取り扱う案件の相当部分を占めている実情にある。

＜都バスに掲載した広告の例＞

弁護士法人早稲田大学リーガル・クリニックの運営上の課題等について

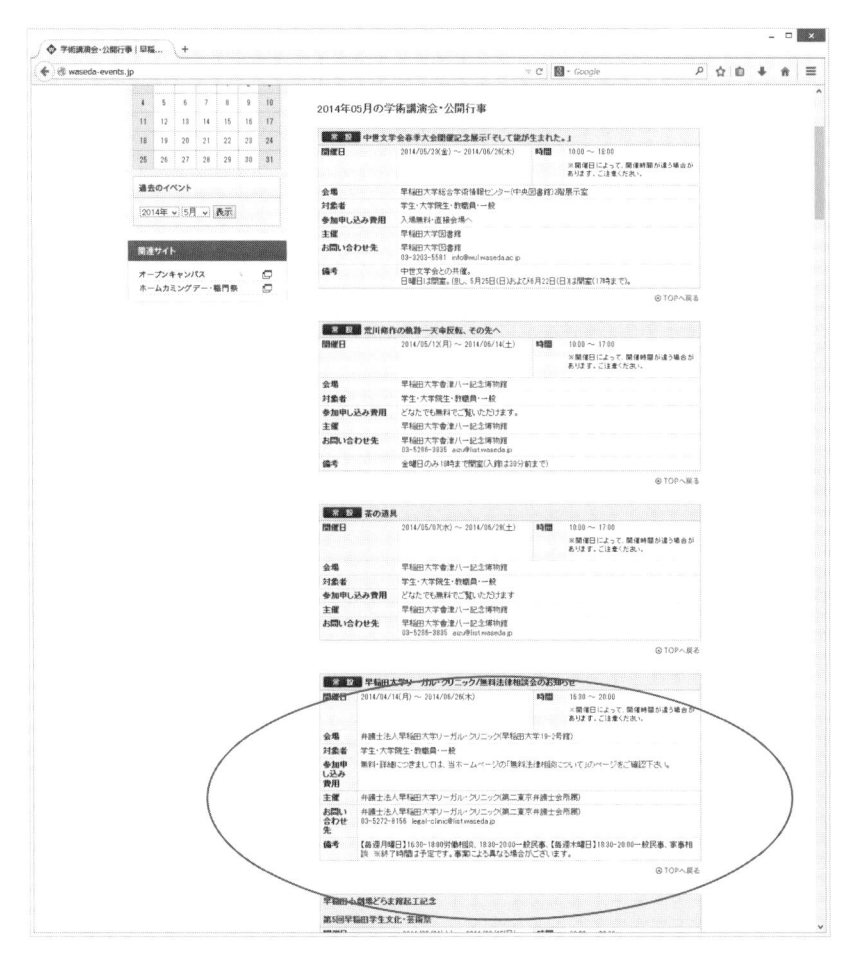

＜早稲田大学のホームページでの広報＞

2) 案件の準備・配てん

　相談申込者から、電話やメールでクリニック事務所に申し込みがなされると、クリニック相談の制度を説明し（法科大学院の教育目的で学生が相談を担当すること、研究者教員と実務家教員がこれに立ち会って相談を指導し責任を負うこと、相談日時は開講日程に依存すること等）、同意が得られた場合にはクリニックの無料相談案件の候補とし、クリニック担当教員間のメーリングリストを利用して、その受け入れを打診する。クリニック相談に配てんすることにつき相談申込者の同意が得られなかった場合には、クリニック事務所所属弁護士による有料法律相談を案内する場合もある。

　クリニック相談としての受け入れが決まった場合には、クリニック事務所職員において、相談概要の聴取を行う。その内容は随時、担当教員に報告され、追加聴取や持参資料の指示がなされた場合にはこれに対応する。聴取した相談概要は、受講生に事前に伝達され、受講生はこれに基づき、関連法令の事前調査と、相談日当日の事情聴取項目の準備を行う。

3) 相談日の相談者受け入れ

　相談日当日は、相談者をクリニック事務所で受け入れるとともに、相談者にクリニック相談の趣旨を再度説明し、これに同意する旨の誓約書に署名を求めている。また、相談者にはアンケート用紙を手交してその返送を依頼している。

4) 受任後の事務

　法律相談の結果、相談者がクリニックでの受任を希望し、担当教員において教育目的での受任が適当であると判断した場合は、担当教員が受任することもある。受任した案件について、クリニック事務所は、通常の法律事務所の事務職員が行うのと同様の、案件処理補助業務を行うとともに、担当教員の指示に従い、相手方や裁判所等から届いた書面を受講生に転送する。また、受講生には、案件の記録ファイルにつき、機密保持の観点から、原則として

弁護士法人早稲田大学リーガル・クリニックの運営上の課題等について

クリニック事務所内でのみ閲覧を認めていることから、その管理に関わる業務も行う。

5) 運営管理業務
　ア) 受講生の募集、各クリニックへの配属
　クリニック科目の受講生は、その他の科目と異なり、クリニック事務所が窓口になって募集を行っている。受講対象学生向けの説明会を実施し、応募動機書とともに受講希望を学生から受け付ける。応募動機書の記載に基づき、担当教員間で協議して、どの学生の受講を認めるか、どのクリニックに配属するかを決めている。これまでのところ、希望するクリニックに配属できない例はあるが、クリニックの受講自体を拒否した例はほとんどない。
　イ) 中間及び最終カンファレンスの実施補助
　クリニック科目では、学期の中間と期末に、他のクリニックの班と合同でそれまでの活動の状況を相互に報告するカンファレンスを開催しているが（刑事クリニックでは期末のみ）、その実施のための補助業務がクリニック事務所の担当となっている。
　ウ) クリニック報告書の編集、発行
　毎年度、全クリニック科目の活動状況について、担当教員と受講生から頂くものを中心に、法務研究科とともに報告書としてとりまとめている。

3　クリニック事務所運営の現状

　所員は14名で、研究者6名、もと裁判官2名、実務家弁護士6名の構成となっている。職員は3名である。収入は、大学からのクリニック運営業務委託費の他、所属弁護士からの負担金で構成されている。事務所の運営は、所属弁護士全員による弁護士会議と、所長、前所長、他4名の弁護士で構成される運営委員会とを約月1回開催して行っている。

4 クリニック事務所運営の課題

1） 受講生の募集

　前述したように、現在のところ受講生の減少は見られていないが、意欲のある受講生を継続的に確保するための努力を続けることは重要である。

2） 案件の募集

　前述したように、近年、クリニックで用いる相談案件の確保に苦労している。弁護士人口の増加や、それを背景とする一般の法律事務所による無料法律相談の一般化、さらにインターネット上で法情報が比較的容易に得られるようになったことなどが原因と思われる。現在は、早稲田大学関係者にフォーカスした広報を行うことを対策の柱としているが、今後は、クリニックで提供できるサービスの内容面での優位性を打ち出していかないと、本格的な解決策にはならないと思われる。すなわち、クリニック相談は、弁護士ではなく学生が担当するという点で、不利な面もあるが、①通常の相談よりも、関係する法令等に関しては十分な準備をして臨んでいること、②相談時間も比較的長く設定しており、相談者の主張を十分聴取できること、③複数回の継続した相談にも積極的に応じていること（一般事務所の場合、初回相談のみ無料という例が多い）、④簡単な書面の作成も対応できること、⑤担当教員は当該分野の専門家を配置していること、といった点では優位性があることから、これらの点を積極的にアピールしていくべきである。

3） クリニック講座内容の改善に向けて

ア） 法務研究科との連携

　クリニック科目も、法科大学院全体のカリキュラムの中に位置づけられるものであるから、主として講義形式で提供される基本科目などとの連携を図らなければならない。とりわけ、法科大学院教育において司法試験合格率がより重視される状況下では、この連携の重要性もいっそう高まっていると言

える。幸いにして、本学のクリニック科目は、原則として研究者教員と実務家教員とがペアになって担当していることから、基本科目との連携も図りやすい態勢になっているとは言えるものの、それをさらに進め、カリキュラム全体の中でクリニック科目が担うべき役割についても、法務研究科内の適切な検討体制において、常時、検討し調整する作業が必要ではないかと思われる。

　イ）　事件受任の減少

　前述したように、クリニックで取り扱った相談案件で、クリニックで取り扱うのに適していると認められ、依頼者も希望すれば、相談だけでなく担当教員が受任して、受講生を指導しながら事件を処理する場合もあるが、近年、このように事件を受任する数は減少傾向にある。その原因は、受講生側、教員側それぞれの事情によるものと推測される。受講生側としては、近年の司法試験受験準備重視の傾向からか、クリニックを受講していても、その準備に費やす時間やエネルギーは以前よりも減少する傾向にあると思われ、事件を受任して依頼者の具体的な権利救済まで行ってみたいという声が弱くなっている状況がある。他方、教員側では、このように事件受任に対する学生の積極性が弱まってきていることから、主としてクリニックが開講されていない休暇期間において、もっぱら教員だけで（しかも原則として無償で）事件処理を行わなければならないことに、負担感を感じ始めていることがある。

　これに対する対策としては、学期中に事件処理が終了してしまうような案件、例えば少額訴訟手続を利用できるような案件に絞って受任することが考えられる。少額事件については、費用対効果の面で、一般の法律事務所ではほとんど受任されていない実情にあることに鑑みると、これをクリニックで受任すれば、司法アクセスの改善につながる社会的な意義を有する。また、受任し、代理人として活動しなくても、継続相談と書面作成支援を組み合わせて、依頼者本人が行う訴訟その他の手続活動を支援することも考えられる。

　ウ）　過去の事件記録の活用

　クリニック事務所には、過去に取り扱った案件の事件記録ファイルが多数

保管されている。これらは教育目的に適した案件として選抜されたものであることから、ライブケースではないものの、学生の教材として適切なものである可能性は大いにあるものと思われ、その活用を検討すべきである。

4) クリニック講座の運営以外の面で本学の法学教育に貢献できないか

　クリニック講座は法科大学院の学生向けのプログラムであるが、クリニック事務所が早稲田大学のキャンパスに隣接した場所に存在する法律事務所であるという利点を生かして、法学部の学生も含めたより広い層に対して働きかける活動を行うことも検討すべきである。例えば、法学部生向けに法律事務所の見学会を開催して、弁護士という職業に対するイメージを具体化してもらい、減少傾向にある法曹志望者の裾野を広げることが考えられる。また、早稲田大学のキャンパス内で、学生や職員向けの無料法律相談会を行い、本学関係者の利便に資するとともに、クリニックで用いる相談案件の確保につなげることも考えられる（なお、末尾の追記参照）。

5) クリニック事務所の適切な人的構成のあり方

　このようなクリニック事務所に課せられた使命と役割を果たすため、クリニック事務所にどのような人材を置くべきかも重要な課題の一つである。前述したように、現在の構成においては研究者、もと裁判官、及び実務家弁護士が一定のバランスを保っているが、法科大学院や弁護士業界を巡る様々な環境変化を踏まえて、常に適切な人的構成のあり方を模索すべきである。

　また、クリニック担当教員には、クリニック事務所に所属している弁護士と、そうでなく外部の法律事務所に所属している弁護士とが存在している。他方、クリニック事務所所属弁護士にも、クリニック科目を担当していない者が存在する。ともすれば、全体としてバラバラな動きになったり、責任の所在が不明確になったりすることもあり得ることから、将来的には一定の整理を検討しつつも、当面は、クリニック事務所が核となってクリニック活動全体を調整するなどの対応が求められよう。

6） クリニック教育を支える将来の人材育成

　クリニック教育の実践が始まってまだ10年しか経過していないが、すでにクリニック教育を経験して法曹となった人たちも、一定の層となって存在している。そういった若手法曹の中から、将来のクリニック教育の担い手となる方を育成していくことも、クリニック事務所に課せられた重要な役割であると考えている。現在、１名の若手弁護士が在籍しているが、今後も着実にその育成を行っていきたいと考えている。

（追記）

　本シンポジウム終了後である平成27年秋に、本学法学部の教室前ロビーを利用して、学生及び職員を対象とした無料相談会を実施した。その結果は以下の通りであり、予想よりは多数の相談が寄せられ、またクリニックで取り扱う案件の確保にも寄与したことから、今後も定期的に同様の相談会を行うことを検討している。

　①平成26年９月26日実施（午後12時から６時間）

　　法律相談６件（うちクリニック引き継ぎ２件）、進路や学習相談10件以上

　②平成26年10月24日、27日、11月４日（各日午後12時から１時間）

　　法律相談８件（うちクリニック引き継ぎ１件）

クリニック教育と家事・ジェンダー
　クリニックの展望

早稲田大学法学学術院教授　棚　村　政　行

1　早稲田大学におけるリーガル・クリニック教育の特色と現状

　早稲田大学大学院法務研究科は、2004年4月の専門職大学院としての法科大学院（ロー・スクール）の開設以来、弁護士法人早稲田大学リーガル・クリニックを併設し、インハウス・クリニックを中心としたリーガル・クリニック教育に力を注いできた。臨床法学教育（Clinical Legal Education）は、法曹有資格教員の監督・指導のもとで、学生を関与させて理論教育、実務教育を実践する教育方法論である。リーガル・クリニック科目（教員の指導監督のもとで学生が法的サービスに関わる科目）、エクスターンシップ科目（学生を法律事務所・企業法務部・行政機関等委託先に派遣する科目）、シュミレーション科目（ロールプレイや模擬裁判等で事例を模擬的に扱う科目）などであり、学生たちが法律基本科目、実務基礎科目などでこれまで学修してきた理論の深い理解と技能の修得、倫理観や価値観の涵養などを学ぶことを、教育目標や到達点としている。

　早稲田大学でのクリニック教育の基本的コンセプトは、①学生による主体的な活動、②実務の批判的検証、③司法アクセスの困難な人々への法的サービスの提供（公益活動＝プロボノの実践）、④法曹としての倫理観や使命感の醸成などである。とくに早稲田大学は、これまでは、エクスターン、クリニック科目の受講者が多く、年間150名にものぼっていること、日本で一番多彩なクリニック科目が展開していること。たとえば、民事クリニック、行政クリニック、家事・ジェンダークリニック、刑事クリニック、労働クリニック、外国人法クリニック、商事クリニック、障がいクリニックなど展開

するクリニック科目数の多さでも日本一である。

　また、研究者教員と実務家教員のコラボレーションを重視し、原則として、弁護士登録をした研究者教員と実務家教員が共同で指導にあたっている点も、早稲田大学ならではの特色と言える（理論と実務の架橋）。さらには、学生による積極的な活動も重視しており、司法修習と異なり、事前準備、クライアントとの面接、聞き取り、法調査、法文書作成、相談への回答、事件受任、訴訟等で、学生が役割分担をしながらどの作業にも主体的積極的に関わることが大きな特色である。もっとも、最終的な責任や指導体制では、弁護士資格をもつ教員と研究者教員が監督を行うことは言うまでもない。

　さらに、受講生は春秋合わせて130〜140名で、法律相談の申し込み件数は100件に及ぶこともあった。しかし、震災直後から、また弁護士増に伴う無料法律相談の増加等の要因により、クリニックでの法律相談件数の激減の傾向が見られ、クリニック教育に不可欠な法律相談の確保も課題となりつつある。各学期ごとに30名弱の専任教員・非常勤講師陣による少人数でのきめ細やかな指導・監督・教育体制がとられている。当事者からのアンケート結果でも、「大変親身になって話を聞いてもらえた」「時間や話を中断されずに話ができてよかった」「真剣なまなざしで応えてもらえて心強かった」などきわめて高い評価がなされている。また、学生たちからも「現実に問題を抱え悩んでる方と接することで緊張もしたが、多くのことを学べた」「相談者の立場に立って事実を確認し、生の事実から法的な構成に必要で重要な事実を聞き取ることの大切さを学修できた」「実際の相談は予想した流れや方向と全く異なっていたりして学ぶことが多かった」「先生方が時々出してくれる助け舟で救われる思いがした」など、非常に高い教育効果があがっていることも確認されている。

2　家事調停やアメリカでのミディエーター研修からの経験を生かして

　私自身は、東京家庭裁判所での家事調停委員、参与員を20年以上させてもらっている。また、25年ほど前に、アメリカのカルフォルニア州の家庭裁判

所サービス（Family Court Service）でミディエーションやエヴァルェーションの研修や実習に立ち会うことができた。そこでは、たとえば、調停におけるミデイエーターの基本的技法などにつきマニュアルもあり、優れて実践的な臨床教育プログラムが組まれていた。また、UCLA での臨床法学教育のプログラムや、USC のロサンゼルスの DV コートとの連携での当事者支援とクリニック教育（学生が Student Practice Rule のもとで弁護士の指導のもとに代理人として活動する）の場面も見ることができた。ここでは、調停（Mediation）は、第三者が入って当事者が自主的に話し合いをし問題解決をする場であって、決して争いあう場ではないし、当事者が主役であることが告げられる。しかしながら、話し合いをするためにも、調停をする者（Mediator）に、基本的なスキルが求められる。

　第1が信頼を築くためのスキルであり、ここでは、①緊張・不安・疑念の解消や緩和、②交渉話し合いへの抵抗・反発の制御・払拭が課題となると教えられる。明確な説明とソフトな物腰が大切であるとも言われる。最低限の信頼が調停者や調停の手続に得られたら、第2に、紛争を効果的に管理するためのスキルが必要になるという。ここでは、イシュー（Issue）という法的問題点の析出や設定が重要である。そして、この段階では、③話し合いの基本ルールと関り方の枠組みの設定、傾聴、共感、巧みな会話力、ニーズ（Need）・インタレスト（Interest）とポジション（Position）の区別など基本的技法を駆使する。次に、④紛争終結への現実的期待と自己決定的雰囲気の醸成、当事者の社会的文化的差異への配慮も必要になってくる。そして、第3に、建設的な問題解決や紛争終結へのスキルが必要になるという。ここでは、最終段階に向かうため、リーダーシップ、理想と現実との妥協、双方の到達目標の明確化、双方の要望する解決案のすり合わせ、要約と統合、難航しそうな話題の切り離し、後回し、代替案の提示・検討など、収束に向けての利害得失などの計算までさせる。

　もっとも、互いに反目し合っている当事者のコミュニケーシンを容易にさせようとすることはきわめて困難な作業である。当事者がかなり感情的に

なっているため、ちょっとした言葉の使い方で相手を刺激することも多い。有益な話し合い（コミュニケーション）を促進するための示唆として、ロサンゼルスの研修用マニュアルでは、よく聞くこと（Active Listening）、問題の立て方を変える（Reframing）、再構成してみること、自由な質問の活用（Using Open-Ended Questions）、一休みしたり、沈黙を活用する（Pausing or Using Silence）、手続を方向づけ指示する（Directing the Process）、手続について開示する（Disclosing about the Process）の6項目の留意点を挙げており、まさに日本における家事事件手続法の施行とその実施体制のためのマニュアルや実施要領、調停委員会のはたらきかけなどとほぼ同じように、理論的実務的な成果や蓄積が文章化されたものであった。また同マニュアルは、ミディエーションの理論と実践を通じてつねに改訂され、バージョンアップが進められている。このような優れて実践的かつ理論的な紛争管理の基礎理論、また、ジェンダーの視点や法と心理学など学際的総合的な家事問題・ジェンダー法の問題へのアプローチの技法や知見が、クリニックでの法律相談や事件受任でも存分に生かされている。

3　家事ジェンダークリニックの実践と家事紛争解決プログラムの開発

　家事ジェンダークリニックは、もともとは、家事クリニックとジェンダークリニックに分かれていたプログラムを、担当教員の編成や希望する学生のニーズなども考慮して、統合したものである。家事ジェンダークリニックは、春学期と秋学期に2単位15時間の授業として開講しており、担当教員6〜8名、受講学生10〜14名という体制で実施している。具体的な相談は、3〜4グループに分かれて、弁護士が2〜3名で指導する。法律相談や受任事件は、婚約、内縁、婚姻費用の分担、離婚、DV、児童虐待、面会交流、子の引渡し、養育費、親子関係不存在、認知、成年後見、扶養、遺産分割、遺留分減殺請求、相続放棄など多岐にわたっている。家事ジェンダークリニックは、比較的法律相談の申し込み事件が多く、時折、担当教員の抱える事件の当事者から話を聞くとか、注目すべき訴訟での代理人を務めた弁護士を招いて話

を聞くとか、調停委員の懇談会を開催して、家事調停委員から見た調停の現状や法曹になろうとする若い人たちへの期待などをお聞きする機会も作っている。また、実際の面会交流の事件の調停のためのロールプレイングを通じて、お互いの立場を尊重しつつ、当事者や子どもの側に立った経験や体験をしてもらうこともある。良かった点や難しかった点、反省点などを振り返りながら学び直すこともしている。

　私自身も、常日頃考えているのが、法的紛争を解決するためには、紛争が起こる背景や原因、紛争解決のための基礎理論、紛争解決のための見立てや技法などの理論的なバックグラウンドが必要であり、当事者との接し方、事実の確認や当事者の真意の引き出し方、問題解決のための幅広い知識、情報収集のノウハウ、関係機関のリストと連携の仕方など、実務的な能力や手法の獲得である。言い換えると、法制度（社会的支援も含む）、担い手、技・スキルという3つが合わさって、はじめて紛争の解決が実現すると言える。たとえば、面会交流の問題も、2012年4月から民法766条に面会交流と養育費（監護費用）については明文の規定が入った。しかし、実際に取決められるのは56％程度であり、厚生労働省の全国母子世帯等調査の結果からも、面会交流が実施されているのは2～3割程度でしかなかった。面会交流の問題ひとつとっても、複雑な対立葛藤にある当事者と子ども自身のニーズや関係性の中で、調整が必要であり、私たちはクリニック教育で、法制度や社会的支援制度の知識の理解はもちろんのこと、さらに調整の技法や技を磨くとともに、担い手としての人間力や受容力、総合力などが問われていることを力説している。大塚正之弁護士（元裁判官）が中心になって進めている「家事紛争解決プログラム」も、裁判官、弁護士、法学者などのコラボレーションにより、優れて実践的な紛争解決の理論と実務の現時点での到達点として生み出されたものであり、家事紛争だけでなく、法科大学院での臨床法学教育の目的や到達点を得るための重要なツールであり、また独創的挑戦的な教育プログラムとして開発し、さらに発展させてゆければと考えている。

4　法科大学院の理念と厳しい現実—クリニック教育の今後の展望

　法科大学院、いわゆるロースクールは、2004年に、国が進めてきた司法改革の目玉である法曹養成制度改革の柱として、「社会の隅々まで法の支配を行きわたらせる」という壮大な理念のもとに、全国で74もの法科大学院が開設され、弁護士ゼロ地域にも弁護士を送り込むことなどが掛け声とされてきた。しかしながら、2013年3月には、政府の「法曹養成制度検討会議」も、司法試験の合格者を年間3000人程度としてきた政府計画を撤廃することにし、法科大学院の統廃合と定員削減を加速化させる、とくに合格率が低い学校には補助金の削減や裁判官等の派遣を打ち切るなどの方針も決められた。また、司法試験合格率も、当初70〜80%は合格するとしていたのが、2014年度の合格率はわずか21.19%と低迷を続けており、5人に1人しか合格できない状態が続く。しかも、学費を払って合格したものの、弁護士増により、就職難のために、事務所にいさせてもらうだけの「ノキ弁」や事務所での「イソ弁」を経験しないで独立する「ソクドク弁護士」が生まれているなど、修了生の受け皿の問題にまで暗雲が立ち込めている。

　このような法科大学院の法曹養成の理念が大きく問われ、志願者や入学者の減少、定員割れ、司法試験の合格率の低迷、就職難、高い学費と予備試験への殺到傾向などのためか、高校生の法学部離れや法科大学院の募集停止や廃止を決定するところが、2015年2月で既に23校にものぼっている。文科省は、2015年1月に、全国の法科大学院の52校中の42校について補助金の削減を決め、とくに合格率が低い7校は補助金が半減される予定である。

　しかしながら、文科省の差別化により、上位30校が補助金の加算を受け、改革の取組みが評価されている一方で、算定率との合計が100%を超えたのは早稲田大学、一橋大学、東京大学、京都大学、慶応大学等の10校にとどまった。このような負の連鎖が続く法科大学院でも、早稲田大学は、2014年の司法試験の合格者数で第1位（172名）となり、合格率でも第6位（35.17%）となって、定員削減、グローバル化や女性法曹の活躍、クリニック教育の展

開など教育の質と効果的な改革への取り組みが評価されて、補助金の最上位大学に選ばれた。また、家事・ジェンダー分野では、2013年9月4日に、最高裁大法廷が、婚外子の相続分差別の民法900条ただし書の規定を憲法14条の法の下の平等に違反するとの全員一致の違憲決定を出しているし、2013年12月10日にも、最高裁は、性同一性障害で性別変更をした男性（元女性）の妻が非配偶者間人工授精で生んだ子に民法772条の嫡出推定の規定が適用されるとして、血縁上の親子関係がないにもかかわらず、法律上の父子関係を認める決定を出している。また、2015年2月には、夫婦別姓選択制を認めない民法750条、女性にのみ6箇月間の再婚禁止期間を定める民法733条がいずれも憲法13条、14条、24条等に違反し、その違憲状態の明白な規定を放置している国会の不作為を違法とする国賠訴訟が最高裁の大法廷に回付された。さらには、2015年3月に、東京の渋谷区が区議会で同性のパートナーに住民登録や任意後見契約をすることを要件として、夫婦と同様の関係にあるとの証明書を発行する条例案を提案する動きも出てきている。

　これらの世間の耳目を集める家事事件・ジェンダー法事件にも、早稲田大学のクリニック事務所の教員や本学修了生の弁護士が多く参加してこれを支えていることは注目に値する。家事・ジェンダークリニックの受講者の多く（春秋学期延べ人数200名）がジェンダー法研究会のメンバーでもあり、学内で講演会や合宿などを開催したり、先輩後輩の交流を活発に続け、また弁護士会等での女性や性的マイノリティー、子どもの人権擁護の活動や困難な家事事件の解決のために精力的に取り組んでいる。また、私たち教員も、家事・ジェンダー事件の相談や事件受任、意見書の作成などの活動を通じ、また修了生・在学生のコラボレーションにより、家事・ジェンダー・子どもといった法分野に強い法曹、躍進する女性法曹や世界で活躍する高い志と能力を備えたグローバル人材を育成し続けている。少なくとも、法科大学院の理念は、クリニック教育の中で、理論と実践とを融合させ、教員・学生・修了生などのコラボレーションとクリニック教育を中核にした緊密で継続的なネットワーク、フットワーク、チームワークを形成しており、早稲田大学で

は、今後ともクリニック教育が、法曹養成制度改革の実現や、震災・原発等の困難な課題の克服のために指導的中心的な役割を担うことが期待されている、と言っても過言ではない。

魅力的な総合法律事務所をめざして

弁護士　浜辺陽一郎

はじめに

　早稲田大学リーガル・クリニック（以下「当事務所」という。）は、法科大学院に授業としてのクリニックを提供する業務にとどまらない。理論と実務の架橋を目指す取り組みの実践を試みている。

　当事務所のホームページに近江所長が事務所の目標と理念を掲載しており、それによれば、当事務所は、医学部を持つ大学病院のように、「最先端の法律技術の集合体」として、社会に貢献し、学問へ反映させることを目指すとある。しかし、当事務所が創設されてから10年の間に、法科大学院制度そのものの困難も相まって、まだ満足のいく発展には至っていない。リーガル・クリニックの存在はそれほど広く市民には知られておらず、司法が必ずしも根付いていない社会で、すぐに成果を出せというほうが無理である。

　一つの法律問題でさえ、すぐに結論が出るものではない。一つの事件の解決に至るまでには長い時間を要する。日本に限ったことではないが、司法は経済的・合理的に運営されているわけではないから、相当に息の長い闘いとならざるをえない。しかも、当事務所は、価値のある案件に対しては、経済的に引き合わなくとも積極的に取り扱うことを厭わない姿勢をとっている。当事務所に参加する多くの弁護士は公益的な活動に積極的に携わっており、経済的な成長を実現することは必ずしも容易ではない。本稿では、このような状況にある当事務所が、いかにして理念を実現していくことができるかを検討してみたい。

2　理論と実務の架橋とコラボレーション

　当事務所の強みは、そのメンバーの多くがそれぞれの専門領域において、第一線で活躍する学者・実務家によって構成されていることであろう。それぞれの弁護士が個別の弁護士業務に力を入れることは当然のことであるが、当事務所の弁護士はこれを理論化し、発信していくことにも積極的である。例えば、代表的な成果として、当事務所所属の梶村太市、岩志和一郎、大塚正之、棚村政行弁護士と家事クリニックを担当して頂いた榊原富士子弁護士らによる「家族法実務講義」（有斐閣2013年刊）等がある。この文献は、実務と研究を踏まえた最強のコラボレーションと帯にも表示されている通りであるが、当事務所メンバーによる著作は相当な数にのぼる。研究者弁護士であれば当然のこととはいえ、元から実務家であった弁護士も含めて、様々な発信を通じて法実務の発展に寄与していくことが期待される。

　当事務所は、既に定型化され、効率よく稼ぐことができるような案件はあまり多く扱っていない。その代わり経済的な規模が小さくとも、難しい案件が比較的多いだろう。それでも、個別の案件に対しては、その専門的な知見を活用し、複雑・高度化した案件に的確に対応できる人材を備えている。これによって、当事務所の依頼者は、良質なリーガル・サービスを極めてリーズナブルな条件で受けることができよう。ややもすると大学は敷居が高く、近づきがたいイメージが強いかもしれない。しかし、当事務所は、法律事務所の機能を高めるため、無料法律相談の枠を広げ、総合事務所としての役割を果たすことを目指している。

　上記近江所長の事務所案内に示されている通り、法科大学院は専門大学院として「政策提言」を行う研究機関でもある。そのため、当事務所も、できる限り先端的領域の事件について積極的に対応する方針を取っている。例えば、知的財産権事件、地方公共団体・公的機関の諸問題、国際難民問題、原発問題などの先端的諸問題について、大学には、専門家集団として、「政策提言型」クリニックを機能させることも期待されるので、これからも研究者

と実務家が協働して成果を上げていくことを目指していくことになるだろう。

また、当事務所は、法学的に研究する価値がある事件については、企業の訴訟事件等を教育目的で受任する場合もある。特定の地域の商店街や自治会等との関係も重視しながら、地域特有の問題や公益性の高い公害問題、生活妨害問題などについては、今後も、経済的困窮という枠にとらわれず、幅広いリーガル・サービスの提供を図り、その活動領域を拡大していく方向で努力する必要がある。

幸いにも当事務所は、大学に隣接する場所に位置しているので、様々な研究会にも参加しやすく、当事務所に所属していない様々なジャンルの専門家にもアクセスしやすい。かかる地の利を活かして、さらなる理論と実務の協働関係を深めていきたい。

3　臨床法学教育の拠点として

早稲田大学リーガル・クリニックは、教育研究機関として教育研究目的に沿う案件を中心に受任しているという側面もある。実務家教員の担当する「実務系科目」の呼び方は大学によって異なるが、概ね実務において必要とされる基礎的な法律知識に加えて、実務における物の考え方や基本的な技能を教育することが期待されている。早稲田大学の法科大学院でも、それぞれの実務家教員の専門的な領域に渡る多様な科目が提供されている。

昨今の法学教育においては、網羅的な基礎的理論教育に加えて、各種の実務教育が求められ、この実務教育は、実務的な理論を講義やゼミ形式（ないし双方向型授業）で提供するものと、臨床法学教育とに分けられる。そして、臨床法学教育には、生の依頼者を取り扱うクリニックのほか、エクスターンシップ、シミュレーションといった方法がある。当事務所が関わる活動は、法科大学院のクリニック教育にとどまらず、将来的に法科大学院に進学することを目指す法学部学生に向けた無料法律相談会のほか、法学部で授業を持っている教員によるシミュレーションにも及んでいる。

たとえば、法学部教育においても、企業法務に直結する教育を試み、法科

大学院への進学や司法試験の合否にかかわらず、企業が採用する価値のある人材を育成するための教育活動を行っている。企業法務の領域では、必ずしも「生の依頼者」を扱うことが適切であるとも限らないので、クリニック教育には限界もある。そこで、企業法務の領域で大きなウエイトを占めている臨床法学教育の方式は、シミュレーションとエクスターンシップとなっている。

　このうち、筆者が担当している法学部の国際ビジネス法のゼミでは、本格的なシミュレーションとして、模擬国際商事仲裁や模擬国際契約交渉を例年行っている。前者は国際商取引学会が日本大会を開催する vis moot に参加する学生向けに行うものであり、後者は夏合宿においてオリジナルの交渉材料をベースに基本合意に向けた交渉を行うものである。

　こうした学習体験は、法学部で学習する法律学が実社会においてどのように使われているのかを知り、高度先端の諸問題を触れる良い機会となる。前者では CISG や ICC 等の国際物品売買を巡る諸問題を取扱い、後者では国際 M&A をめぐる論点や、基本合意書や秘密保持契約の交渉を通じて、M＆Aの法律実務の一端を学べる内容となっている。いずれも、会社法、契約法、民事訴訟法、国際私法等の融合科目となり、現実の社会において法的技能をどのように活用するのかを学びつつ、実務上の問題点を徹底的に議論できる。

　シミュレーションは、生の依頼者を扱わないので緊張感に欠けるのではないかといった懸念もあるが、学生たちは通常の授業とは異なる熱心さで取り組んでおり、極めて密度が濃い学習をしている。

　こうした科目に積極的に参加している学生が法科大学院に進学し、あるいは法科大学院卒業後の進路の参考になる等して、当事務所の活動が全体として法務人材のレベルアップに寄与していくことも重要であろう。グローバルな競争が激しくなるからこそ、これからの法曹は実務法曹になってからの競争における資質が問われる。そのような環境に対応するためにも、法務にかかる教育内容は更に充実させていくことが求められる。

4　今後の課題

　大学病院に相当する機能を果たしうるようになるためには、当事務所は人材の面でも、設備の面においても、まだまだ規模が小さく、課題は多い。当事務所が一流の総合事務所に匹敵する機能を果たしうるためには、さらに専門性に磨きをかけ、社会の信頼を勝ちうる実績を残していくことが必要である。

　法科大学院と連携している法律事務所はいくつかあるが、その中でも早稲田大学法科大学院と実務教育を発展させるために創設された当事務所の使命は極めて重い。その期待を裏切ることのないように、今後もより一層の人材強化を図っていくことが特に重要である。今後も当事務所の一員として、社会からの期待に沿うべく微力を尽くしていく所存である。

ご挨拶

内閣官房法曹養成制度改革推進室長
大場亮太郎

　ご紹介いただきました内閣官房の法曹養成制度改革推進室の大場と申します。

　まずもってリーガル・クリニック10周年、大変おめでとうございます。また、法科大学院制度が始まって10周年ということで、逆に各法科大学院で、10周年記念イベントのようなものがあまり開かれていないということも聞きまして、非常に複雑な思いをしたところでございます。

　私自身のことについて少し紹介させていただきますと、私は早稲田の法学部に昭和54年に入学して、59年に卒業しています。これまで検事になって28年たっています。

　その中で、今、計算してみたのですが、12年ほど検察庁の現場にいまして、各地の検察庁の現場で検察実務を行い、あとの16年は法務省で法務行政に関与したり、司法制度改革推進本部で、司法修習生の給費制を貸与制に変えるという法案の担当もしたり。

　また法テラス。先ほども法テラスの話が出ていましたが、法テラスの立ち上げを平成16年からやりまして、18年に法テラスができましたので、1年間法テラスに行って、立ち上げと実施もやってきました。

　今、所属している法曹養成制度改革推進室については、昨年の9月に始まりまして、来年7月まで、いろいろ法曹養成制度全般についての改革を行うことになっている部署です。

　法曹養成制度全般の問題点については、これまでもいろいろご指摘があったところで、法曹志願者が減少している、あわせて法科大学院の入学希望者、

志願者も減少しているということがいわれています。それらの原因についてはいろいろあると思います。司法試験合格状況が、法科大学院によってばらつきがあるだとか、合格率があまり高くないとか、あるいは司法修習を終えても弁護士としての就職が非常に厳しくなっているだとか、あるいは法科大学院自体、時間的な、あるいは経済的な負担が大きいだとか、いろいろな理由が述べられていますが、やはり私たちとしても、法曹志願者は減ってもらっては困るだろう。質量ともに豊かな法曹を作るということで、司法制度改革が平成13年から始まって、それに基づいて新たな法曹養成制度が始まり、多くの若者、若者でなくてもいいのですが、多くの人たちが法曹を志願してもらう仕組みは作っていかなくてはいけないだろうと思っています。

その中で私たち法曹養成制度改革推進室では、法科大学問題もそうですし、司法試験の問題、あるいは司法修習の問題、いろいろな課題について取り組んでいます。またさらに、法曹人口の問題。これは非常に難しい話ですが、ご案内のとおり平成22年までに司法試験合格者数3000人を目指すということで、人数が増えてきたわけですが、約2000人にとどまっているということです。

今回の改革では、そういった目標数は定めないで、まず、あるべき法曹人口はどれぐらい適当なのかを調査しようということになっています。そこで私どもとしては法律サービスについての需要調査を改めてやっていきたい。法律相談に来る方だとか、あるいはインターネットによるアンケートも今はできますし、あるいは自治体、あるいは企業にも、どういった需要があるのかというのを調査したいと思っておりますし、他方で供給側の実状も調べてみたいと思っています。

そういった調査を踏まえて、あるべき法曹人口がぽんと出るとは思いませんが、トライしてみたいなと思っております。それによって、どれぐらいの法曹を毎年生み出す必要があるのか、一つの手掛かりになるのではないかと思っています。また、法曹有資格者の活動領域の拡大も、法務省で活発に行っています。

ご挨拶

　きょう、リーガル・クリニックのお話を伺って、全く別世界に来てしまったなという感じがします。今、自己紹介をしましたが、私はもちろん旧制度の出身の法曹です。当時、ロースクールはもちろんありませんでしたし、リーガル・クリニックもなかったわけですので、本当に今の世代の人たち、今これから法曹になろうとする人たちには大変いい環境が整っているなと思って、感動して先ほどから話を聞いていました。

　また、法科大学院が私の人生を変えたとか、あるいは、企業法務マンとしても活躍できるとか、あるいはリーガルマインドはクリニック教育で作られるという話も先ほどありましたし、クリニックが自分の実務法曹としての第一歩であるという話。いずれも、そう聞くと私は何の一歩も踏み出していないのではないかという感じがしたところで、こういったリーガル・クリニックがどんどん発展していってもらいたいなと思っています。

　先ほどの話にもありましたが、ここのリーガル・クリニックが、実務家と教員とがペアで対応しているのが非常にいいことだなと思いました。また受講生が少しずつではありますが増えてきているのも、とてもいい話だと思います。

　今、法科大学院と予備試験が問題になっていますが、私としても法科大学院をプロセスの法曹養成の中核とするという理念できているわけですので、「頑張れ、法科大学院」と思っています。

　その中にあってリーガル・クリニックはまさに法科大学院に来ないと経験できないことです。いっそうこれが発展していってもらいたいと思いますし、より大事なことは、法科大学院へ来たらリーガル・クリニックでいろいろな経験ができるんだよと、机の上で勉強しているだけでは絶対に得られない経験が得られるんだということを、きょうもその場なのかもしれませんが、大いに発信をしていくこともあわせて大事だろうと思っております。

　私自身、こういったことには全く経験がなく、タッチしたことがないわけですが、クリニックがいっそう発展することをお祈りしております。

ご 挨 拶

元日本弁護士連合会事務総長、弁護士　丸島俊介

　丸島でございます。申し上げたいと思っておりましたことは、ただ今、大場さんが、すべて話されましたので、重ねて…という感じではありますが、一言ご挨拶を申し上げます。ご紹介をいただきましたとおり、法曹養成制度を検討する政府の組織がこの4年の間に数次にわたって続けられてまいりましたが、私は、2010年に日弁連の事務総長を終えた後、委員の一人としてその検討組織に参加してまいりました。現在は、日弁連に戻りまして、法曹養成制度改革の担当ということで引き続き仕事をさせていただいております。

　早稲田のリーガル・クリニックのお話をうかがって、まず思い浮かびますことは、日頃若い弁護士の方々と接していて、大変元気よく活発に活躍しておられる方々に出会いますが、その中に、早稲田ロースクール出身の1期生、2期生という方が数多くおられるということであります。今日もそうした皆さんがたくさん来ておられますが、多くの早稲田ロースクール出身の方々が、従来の枠組を超えた新しい法律家像というものを切り開きながら活躍されている姿は、いつも大変印象深く感じておりました。

　そもそも早稲田のロースクールは、法科大学院制度発足の基本理念に沿って忠実にモデルを作り上げようと努力し、スタートされたのだろうと思いますが、今日お話のあったリーガル・クリニックの実践は、まさにその中心となる柱の一つだったのだろうと感じました。

　先ほど、大場さんが今日の話題の中から幾つか紹介しておられましたが、例えば、「温かさと、闘うことの両立」というお話などのように、法律家の在り方を考える上で大切な視点を、若い方々がご自身の体験を踏まえて率直

に語られている姿に大変感銘を受けました。

　私たちの学生時代は70年代初めの頃でして、まだ学内のストライキなども続き、授業に出ないことが当り前のような雰囲気も残っていました。しかし、それでいて多くの学生は、将来の生き方を想い悩みながら、自学自習しつつ法曹を目指し司法試験の受験に取り組んでいたような時代でした。今思い出してみますと、大学の先輩にあたる当時の若手弁護士たちの話にも触れ、授業もない中で、法廷傍聴に出向いたりしながら、法律家の実際の姿を知ることもありました。現在のリーガル・クリニックとは違って、体系性もなく経験主義的にではありますが、当時の法律家たちの姿に接しては、弁護士像を思い描きながら学生生活を過ごしておりました。その時代に比べると、現在は、法曹を志す学生のために、はるかに豊かな組織的・体系的な学修の場が確立され、実務家と研究者が共同してそれぞれの現場から法曹養成のプログラムを作りあげておられる。今日のお話を伺っていて、法科大学院は、学生たちが、法曹の現場の活動に触れる様々な経験の中から、自ら法曹像を築きあげていくという大変貴重な経験の場になっていることがとてもよく分かりました。

　この4年間の法曹養成制度の改革議論を振り返ってみますと、今日、お話しいただいたような法科大学院のさまざまな教育プログラム、実践、その中で育ってきた若い弁護士の方々の活躍ぶり、その成果、あるいは課題もあるのでしょうが、こういうものがもう少し広く共有された中で、改革の議論がされる必要があるのではないかということを強く感じました。

　そういう意味で、本日のシンポジウムのような機会は非常に貴重でありました。クリニックに関わる皆様の日常の業務は大変でありましょうが、今日のような様々な発信を、いろいろなところで是非とも続けていっていただき、現在進められている法曹養成制度の改革論議に、魂を吹き込んでいただければ大変ありがたいなと感じました。

　この10年間、早稲田のリーガル・クリニックを育ててこられた皆さまのご苦労に心から敬意を表しますと共に、クリニックの益々の発展を期待して、私の挨拶とさせていただきます。どうもありがとうございました。

パネルディスカッション

(上田國廣・棚村政行・趙誠峰・古谷修一・山口卓男：コーディネーター　道あゆみ)

道　皆様、長時間、ご清聴ありがとうございました。前半の基調報告、とりわけ修了生の皆さんの魅力的なプレゼンテーションには感動しました。おしなべて皆さん早稲田大学ロースクールとクリニックにたいへん強い愛着をおもちいただき、全員から「おめでとうございます」と言っていただきました。ありがとうございました。

　前半の基調報告をお聞きになり、パネリストの方々に感想をいただきます。九州からこのためにお越しいただいた上田先生に、前半の感想をお願いいたします。

上田　若手の人のすばらしいプレゼンテーション能力も含め、リーガル・クリニックという授業科目の中で、実務家教員、研究者教員と一緒になり感動を共有するというすばらしいロースクールの教育がされていて感動しました。

　リーガル・クリニックに関して、早稲田大学に勝るものは日本になかろうと思います。九州大学ロースクールのリーガル・クリニックも、10周年を迎えました。クリニックのバックボーン、形態に大きな違いがあると思います。違いを強調するつもりはありません。違いを踏まえたうえで、リーガル・クリニック教育が多くの法科大学院で着実に定着できるのか、報告されたような多くの学生に弁護士になってもらい、新たな分野を切り開くだけの熱情をもった弁護士として送り出すことができるのかどうかということが問われることになると思います。後のほうでの課題等も含め、十分に意見交換をさせていただきたいと思います。

道　ありがとうございました。山口先生、お願いいたします。

山口　私のところは、法科大学院制度の創設から1年遅れの2005年に弁護士法人を設立し、今年で9年目になりました。早稲田での実践を先行事例として種々参考にさせていただきました。たとえば守秘義務に関する誓約書なども早稲田の書式を参酌して作らせていただいた経緯があります。リーガル・クリニックはぜいたくな教育です。早稲田のような有力校でなければできないのだという声をよく聞きます。私としては、そうではなく、小規模な法科大学院でもできることを証明したと自負しています。大規模校、小規模校、それぞれに抱えている問題はたくさんありますので、のちほどいろいろな側面から議論されることと思います。

　先ほどの卒業生の方々の報告は心強く思いました。リーガル・クリニック教育が有益・有効であることはあくまで仮説でした。それを、彼らが今証明してくれています。私たちのところでも、卒業生が戻ってきて続々と法科大学院の教育業務に参加してくれています。これほど心強いことはありません。今、巷では、法科大学院をめぐるいろいろな議論がありますが、卒業生の皆さんが力をつけて帰ってきて、さらに教育の流れを拡大していく、それこそが、法科大学院教育の価値に関する何よりの証明であると思います。詳しくはのちほど話します。

道　ありがとうございました。受付のところに日弁連が発行したパンフレット「弁護士になろう！！」があります。まさに心強い修了生8名が掲載されています。そのうち3名が早稲田ロースクールの修了生です。そちらもご参照いただければと思います。心強い、頼もしい修了生の代表格の趙さん、基調報告をありがとうございました。感想をお願いいたします。

趙　私の後輩たちの報告を聞きながら、同じようなものが引き継がれていると確認できてよかったと思います。今日はクリニック10周年です。私が1期生で今弁護士6年目です。クリニック教育の成果がどうかを判断するにはまだ5年、10年必要だろうと思いますが、5年、10年待てるほどの状況でないことも十分に理解しています。私たち卒業生の役割は自分たちのロースクールでの経験、クリニックでの経験をもっと声を大にし、いろいろなところで

発信しつづけることだろうとあらためて再認識しました。

道 ありがとうございました。当事務所の前所長でもある棚村先生、お願いいたします。

棚村 新しい取り組みで、10年という間を必死になって走ってきました。あらためて振り返ると、若い人たちが育っています。ときどき法制審、研修所、裁判所、弁護士会のシンポジウムとか、いろいろなところで「クリニックを受けていました」「早稲田のロースクールを出ました」と言われます。修了した人たちに会うと、みなさんがそれぞれの場所で活躍していると痛感します。今日の話もあらためて聞いて、これまでやってきた10年は意味があったという感じを強くもちました。

道 ありがとうございました。法科大学院で難しい状況に日々直面しているであろう古谷教授、お願いいたします。

古谷 私は、法務研究科の教務担当教務主任を本年で6年やっています。教務担当教務主任が、クリニックも含めた教務全体の統括をしています。私の専門は国際法です。ここにお並びの皆さんの中で唯一クリニック教育に直接かかわったことがない者です。通常は国際関係、外交の問題をやっていますが、それがこの仕事にも役立っています。実際にクリニックを運営するうえで、法務研究科とクリニック事務所の関係、お金を出している大学本部との関係、教育の問題に関連する文部科学省との関係、後にできた早稲田リーガルコモンズ法律事務所との関係も含め、外交関係を一手に引き受けています。

　私は影の立場でいろいろなことをやってきましたが、本日の話を伺って、本当の意味で成果が出ていると実感しました。次の10年を考えた仕込みを、もう始めなければならないだろうと強く印象づけられたお話でした。

道 ありがとうございました。徐々に本題に入っていきます。本日九州からお越しいただいた上田先生、筑波アカデミアでクリニック教育に携わっている山口先生、クリニック教育にかかわっている立場からクリニック教育の現状、課題について話をいただけますか。

上田 話の前提として私どものクリニックの状況等について説明しておきま

す。それが早稲田大学などと違う実情の中で新たな課題を生み出す形です。平成16年に法科大学院が設立されたとき、国立大学法人という独立行政法人化になったうえで税制等が変わりました。その前は国の会計ということでお金の支出等が厳しい状況でした。実際に設立するにあたり、資金的な支援等を受けることについてもきわめて困難な状況でした。そういう中で少しずつ理解を得ながら拡大していきました。

現在でも基本的に人件費等で教職員になっている方の部分は担保されていますが、事務所の家賃、運営資金は独自に自分たちで稼がないといけない形です。そんなに大きな金額ではないですが、平均すれば月々何百万かを稼ぎ、事務所を回さなければいけないという特性をもちます。

クリニックのメンバーは研究者教員が6名（内2名は九州大学法科大学院卒業）、私は大学を定年退職後、クリニックの代表社員を交替し、客員弁護士という形で活動させていただいていますので、合わせて7名という人的スタッフです。必ずしも人的に十分な体制を取れない点はあると思います。法律事務所の全面的な体制でやっていくリーガル・クリニックの成果については、皆さんの報告と同様に多くの受講した学生が評価し、受け入れていただいています。

「実際の裁判の当事者の思い、感覚を知れた」「実務において心が大切と身をもって体験できた」と。たまたま無罪事件に立ち会った学生もいます。「涙を禁じ得ない、とても感動的な場面でした。あらためて法律家という仕事が人生を左右し、時には命を奪うこともある。感銘力のある仕事と思いました」と。それぞれの地域で同じような感銘も受け、実務に就いていこうという人を生み出していることは間違いないと思います。

私どものリーガル・クリニックの問題点は、残念ながら受講者が少ないことです。初年度、2年度が7名程度でした。その後は3名、2名という少数しか受講していません。期間についても若干特殊性があります。8月と9月の2か月間がリーガル・クリニックの期間です。

事件の進行に合わせ、学生が参加します。いくつかの事件を並行的にやる

ことになります。弁護士が立ち会い、自分で相談を聞きます。ある事件でちょうど訴状作成の時期となると、学生が訴状案を作成します。期間は2か月ですが、その間に進行している事件の種類により、他の書面を書くものもある、打ち合わせの段階のものある、そういうもので多面的な内容を経験していきます。いわば司法修習生と同じような経験をしてもらいます。

原則として3年次です。カリキュラム上、倫理教育を受けるとか、その他いろいろありますので、一定の段階を経て、受講することになります。3年次の8月、9月をそういうものにあてることは心理的になかなか困難で、司法試験に向けた不安もあり、受講生が少なくなっています。リーガル・クリニックが、学生に対する人数的な面での成果を収め切れていないのでないか、というのが率直な感想です。

リーガル・クリニック法律事務所、リーガル・クリニックの役割は単に学生への教育だけでなく、そのほかの面もあります。トータルとしてリーガル・クリニック法律事務所の役割を考えることが必要でないかと思います。その点については後ほど紹介いたします。

道　ありがとうございました。それぞれに少しずつ状況、実情、課題が違うということと思います。山口先生、いかがでしょうか。

山口　クリニックの設置・運営方法としては、いくつかの方式がありえます。大きくは、早稲田大学型と九州大学型に分けるとすると、私のところは国立大学のシステムに合わせてデザインしたもので、基本的には九州大学と同じタイプに属するであろうと思います。筑波大学の法科大学院は、夜間に開講される、有職社会人を対象とした学校です。その学生を相手にクリニックを実施するのはかなりの困難を伴うことが、当初から予想されました。

彼らにどうやってクリニックを受講させようかということで、いろいろ考えました。有職社会人の受講の便宜を最優先して、フレックスタイム制の通年型クリニックという方式を作りました。つまり、1年間かけ、所定の時間数を満たせばよいという方式です。1週間まとめて来いとか、2週間まとめて来いとか、昼間に来いとか、そんなことを言っていては受講者は集まりま

せん。日曜日でも、土曜日でも、夜でも、年末年始でも、学生が参加すれば、いつでも開講するのです。

　専用のウェブ・システムを作り、スケジュール表をウェブ上に貼りつけておきます。私が学生に参加してもらってもよいと思う事件が入ると、その日程と概要をウェブ上に載せます。学生は常時それを見ていて、日程、中身を確認して、参加可能と思うとワンクリックでエントリーできます。それで参加手続は完了です。その日に来てもらえば、相談者が来ているとか、依頼者との打ち合わせがあるとか、法廷が開かれているとか、それぞれの「現場」に参加することができます。1年間それを通し、所定の時間数を満たせばクリニック修了というシステムです。学生の側にかなりの便宜を図り、自由自在に参加できるようなスタイルになっています。

　筑波大学法科大学院の学生定員は発足当初が1学年40人、現在は36人です。例年、定員はほぼ満たされています。初期のクリニック受講生は20人程度でした。最近では12、13人で推移しています。早稲田の受講総数に比べると約10分の1です。分母が小さいことを考えるとそれなりの受講率で、1学年の定員の3分の1くらいの学生が受講している状況です。

　単位としては1単位しか与えられません。通年で1単位なのでかなり細切れになることもあれば、数日間集中的に来て簡単に終わってしまうこともあります。私からは、教えたいことはたくさんあるのですが、さわりだけで終わってしまうことも少なくありません。ただ、時間をオーバーすることは認めていますので、関心のある事件があれば、所定の時間数を超過しても参加する学生はいます。

　この教育活動によって、どのような成果が出ているのかはなかなか測りがたいところです。社会人学生ですから、実務の技能のようなところは教育効果としてそれほど顕著なものがあるとは思いません。特に理科系、他分野の出身者に最初の手ほどきをするとき、基本となる法律的なものの考え方、相談者を前に聴き取り、その中に含まれている法的な問題点に気づかせます。そこで教科書に戻る、また、判例を調べるので、法律的なものの考え方の最

初の手ほどきとして、相当に有効なのでないかと思います。

　技能を高めるとか、人権活動をするとか、そういう部分より、身近に生起しているごく普通の事件を法的な視点で見る中から、基本的な理論上の問題点を抽出し、法律家はこのような頭の使い方をするのかと最初に気づいてもらいます。持ち時間が少ないので、十分に訓練するところまではいきません。「気づき」を得させるのが目的です。あとは自分で勉強してもらいます。クリニックには、このような効用があるのでないかと思います。

　司法試験の成果に関しても測りがたいところがあります。過去９年間のうち、前半の卒業生はクリニックを経験した者が多くを占めていました。もともと受講率が高いものですから、クリニックを受けたから試験に受かったという因果関係は厳密には証明できないかもしれません。ただ、合格者のかなりの数がクリニック受講者だったことは事実です。最近は傾向が若干変わり、徐々にクリニック受講者の占有率は下がってきました。クリニックを経験しない学生たちが合格者の中で多数を占めるようになりつつあります。今はそんな状況です。

道　ありがとうございました。実情、課題もそれぞれですが、クリニックの成果、意義の捉え方も少しずつ異なっているかと感じました。

　ご来場の皆様には突然指名させていただくこともあります。早稲田大学型と九州大学型という表現がありました。全国にロースクール併設型の事務所が13あると言われますか、その１つとも言えると思いますが会場に獨協大学の花本広志先生が会場におられます。獨協でもたいへんオリジナリティにあふれるクリニック事務所を開設されています。類型が２つ、３つしかないような議論の流れになりそうだったので、おうかがいさせて下さい。花本先生の事務所でのクリニックの成果、実情についていかがですか。

花本　事務所は外部の弁護士の先生にお願いして作っていただき、それを法科大学院が支援するという意味では、九州大学型、筑波大学型かと思います。我々の特徴としては、地域と子どもリーガルサービスセンターを置いていることです。地域と、特に子どものことを、ホリスティックに扱おうというも

のです。通常の相談でもそうですが、子どもたちの問題は、「これは法律問題です」とは来ません。一般的な相談として受けておいて、こちらで仕分けし、法律問題は法律問題とし付設の事務所と連携してやります。そうでないものは自治体をつなぐとか、NPO、福祉団体などの支援団体をつなぎ、解決への支援をするセンターを設けています。どちらかというと、地域貢献と改革改善のところに重点を置いたセンターを設けています。

道 ありがとうございました。地域と子どもリーガルサービスセンターはたいへん好評で、何か受賞もされていると伺いました。

花本 内閣府特命担当大臣表彰を。

道 子どもの人権などをやっている実務家とコラボされていると伺っています。スタイルも、クリニック教育の手法も、実情も、課題もそれぞれということの表れの一端かと思います。

さて、各クリニック教育、クリニック事務所の実情、課題を、古谷先生には早稲田のロー、法務研究科の立場から整理していただければと思います。

古谷 基調報告1の4名の話を聞くと、早稲田は大成功していると思われがちです。大成功していると私は信じていますが、裏方としてはそれなりに苦労があります。当初早稲田はほとんどの入学者が未修でした。趙さんも含め、法学部を出た方でも未修者として入学された方が多かったわけです。

このため、3年間のコースの中にクリニックを組み込み、2年生後期、大方は3年生でクリニックを受講すると想定していました。カリキュラム全体の構造は法律の基本科目をきちんと勉強し、法曹倫理も終わった後に応用問題としてクリニックを受講するという観点で、それがそのまま司法試験の合格、司法修習に結びつくという流れを考えていたのです。

しかし、早稲田は2011年4月の入学者から入試制度を大きく変更し、既修者を多くとる形になりました。現状では入学者の4分の3が既修者、4分の1が未修者です。4分の3の学生が2年間でロースクールを出ていくという構造です。2年生で入り、早ければ2年生後期からクリニックを受講する、3年生前期に受講するという構造です。

既修者であるといえ、3年間の全体のプロセスの中でクリニックを位置づけていたことからすると、若干のずれが出ています。もともと想定していたような、基礎をきちんと固めたうえで、応用的な能力をつけるという目的でクリニックを受講するという趣旨からは少しずれてきていると思います。

そもそも既修者は、司法試験に合格したいという願望が未修者よりも強く現れており、入学当初からそうした思いを示しています。短距離走みたいなもので、最初から司法試験、司法試験と言ってロースクールに来るわけです。このため、我々も入試制度を変えたときは、ひょっとしたらクリニックの受講者は激減するのでないかと危惧しました。

だからこそ、その段階でクリニック事務所との連携をより密にする必要があるし、その状況について法務研究科の執行部もきちんと状況を把握し、事務所にお任せでなく、我々の教育の一環としてどうすべきかを考えることにしました。クリニック、エクスターンも含め、法曹実務教育にアクセルを踏まなければいけないのは今だと感じました。

それが成功しているかどうかはわかりませんが、今のところ受講者は減っていないと思います。ただ、全般的にロースクールに入ってくる学生のメンタリティやロースクールに期待するものが変化してきていることは間違いなく、それにどう対応し、クリニックの内容を充実させるかが我々の感じている1つの課題です。この点、九州大学、筑波大学はどうなのか、お話をお伺いしたいところです。

道 ありがとうございました。会場から「法科大学院生のクリニックに対する取り組みの態度、熱意にこの10年で変化はありますか」という質問があります。早稲田の場合、受講生の数は減っていない、むしろ増えているのですが、今の話では姿勢、メンタリティに若干変化が見られるということでしょうか。今の点、棚村先生はいかがでしょうか。

棚村 草創期は社会人、一度社会に出られた人、さまざまな社会経験をした人が大勢いらっしゃったので、熱気というか、狂気というか、よくわかりませんが、そういった勢いは確かにありました。今の学生たちは夢、志が高く

ないかというともちろんそんなことはありません。しかし、かつての理想を求めていたときと若干異なり、法科大学院が置かれている厳しい現実、現状があります。その中で法務研とクリニック事務所の連携を強め、クリニック教育の意味とか、オリエンテーション、ガイダンス、動機づけ、将来の自分たちの法曹像としての原体験みたいな形で位置づけようということで、今のクリニックの受講生も来てくださっていますが、家事、ジェンダーでも、志の高い人たちが熱心に参加している状況です。

　法科大学院が変わる中で学生たちの置かれた環境も厳しくなっています。そういうものを超え、夢をもっている人たちがクリニックに関心を持てる環境づくりに早稲田大学も工夫を凝らしています。

道　ありがとうございました。ここでクリニック教育の意義、効用について整理させていただきます。クリニック教育は教育として意義がある、成果、効用が期待されることにとどまらず、実務を改善する効果があります。司法修習との違いでもよく指摘されるところです。理論の発展にも寄与しています。教育的効果についてもパネリストの皆様から口々に場面、段階の違う教育的効果について話があったように思います。

　たとえば知識、法理論、技能を習得することと、倫理が挙げられます。最後の点は、アメリカでは価値、バリューとも言われものを含みます。価値は法曹倫理といった倫理観でなく、法曹像をどう考えるか、法曹としての姿勢をどう捉えるかと、修了生の皆さんが自身のアイデンティティの礎として語られていたことと密接に関連するのでないかと思います。

　クリニックの意義、大きな三本柱の1つ目である教育的効果、まさにその成果そのものでもある趙さんに、知識、法理論、技能、法曹倫理、価値、どの点でも結構ですし、複数に触れていただいても結構ですが、1期生として熱いクリニックを経験された立場から発言をお願いいたします。

趙　私はロースクールの1期生で、クリニックも試行プログラムの段階でした。ロースクールの1年目から試行プログラムということで単位にもならなかったのですが、クリニックを体験することができました。その中で重要だ

と思ったのは、実務家と早い段階で触れることにより、将来の弁護士像を身近に感じる効果は大きいということです。

　私自身もそうでしたが、弁護士を目指し、ロースクールに入っても、弁護士と話したことはないという学生は今でも少なくないわけです。将来どんな実務家になろうか、弁護士はどんな仕事をする人か、早めに触れることはその後の勉強の動機づけもそうですし、将来の方向性を考えるうえでも大きな価値があると思います。

　特に刑事クリニックの場合、手続法に対する理解という意味でも、ひととおり勉強した後にクリニックを体験することは大きな価値があると感じます。教科書、条文を読んでもよくわからない手続を目の前で体験することにより、わかれば知識は定着するものです。手続を体験する価値も大きいと思います。

　私は弁護士になってから後輩の指導、論文の指導、受験の指導などもやっています。当事者の立場から事件を見ることが口で言っても伝わりきらないといつも感じます。「どういう答案がよいのか」と聞かれ、「血と汗がにじむ答案がよい」というような根性論みたいなことを私は言うようになりました。問題に対し、どこか他人事のような姿勢でしか取り組めない学生が多いと感じます。クリニックを通し、自分たちの事件として事件にかかわる姿勢を学ぶことができれば、広い意味で法律問題に当事者としてかかわるマインドを勉強することができるのでないかと考えます。

道　ありがとうございました。マインドもクリニック教育の重要な意義として語られているところと思います。手続に関する法知識の修得でも意義があったという話でしょうか。

趙　はい。

道　ありがとうございました。山口先生の話に戻します。どこまで理論的に関連性があるかはわからないが、クリニック受講生に司法試験の合格者が多いというのは、クリニックの教育的効果のどの部分に関連する話ですか。

山口　先ほど道さんから、アメリカではバリューということが意識されていることが紹介されました。ここで、バリューとはインテグレートされたもの

であるべきです。つまり、集積され、総合されたものとして捉えられると思います。法律的な頭の使い方とは、そういうものではないでしょうか。伝統的な法学部における授業では、全部の法体系が横割りに分断され、それぞれの領域ごとに知識を伝授していきます。それが伝統的な法学教育だったと思います。法曹実務の現場は領域に関係なく、事件に則し思考を組み立てていくところがあります。いろいろな知識を動員し、それを複合的に組み合わせ、集積し、使いこなしていきます。

　私は学生たちに「法律学は知恵の学問である」といつも言います。知恵の部分が本質です。知識は後から補充することもできます。もっとも、常に使う知識はしっかり暗記し、保持しておいてもらわないと困りますが。しかし、それ以外の知識は、どこに所在するかを予測し、どうやってもってこれるかを工夫し、しかも、もってきたものが正しいか、レベルは確かかなどを検証する目をもたなければいけません。学生に、はじめから高い要求はできませんが、そういう思考パターンを身につけてもらう必要があります。

　それには、やはり現場に勝るものはないと思います。どんなに簡単な法律相談でも、どんなに複雑な事件でも、そこから基本的な考え方に基づき、必要な知識を手際よく集め、これらを横断的に組み合わせ、あるいは立体的に組み立て、互いに対立軸を立てて議論をします。これは当事者の視点に立った独特な思考方法です。それを上から俯瞰する視点もあります。それは裁判官的思考、学者的思考につながるものでしょう。

　私たちが、自己のプロフェッションに特有のものとして身につけるべきなのは、「弁護士的な」考え方です。代理人として当事者側に立ち、問題をどう解いて、どう解決していくのか、実践的、主体的な姿勢、その思考方法を身につける必要があります。思考方法の軸に沿って必要な知識をきちんと身につけ、現在の法曹界で仕事をするためにはこのレベルの知識が必要であるという水準がある、その水準は司法試験で測っていただく必要があるでしょう。

　法科大学院教育において、どんな範囲の知識をどのように身につけ、どれ

が重要で、どれが重要でないかを適切に判別する目を養うことに成功すれば、司法試験ももっと有効に機能してくるのでないでしょうか。司法試験と法科大学院の教育はお互いに連携・協働し、よい人材を育てていく、そちらの方向に回転していけば、この制度は再び活力を取り戻すのでないかと思います。

道 多岐にわたる示唆深い話がありました。山口先生は法知識に触れながら同時に論理的思考力、問題解決能力にまで言及されました。その3つがあれば少なくとも弁護士としては相当の仕事ができるのでないかと思います。

上田先生は受講生が少ないことが大きい課題とおっしゃっていました。そうはいっても成果は大きく、当事者の感覚を知る、あるいは心が大切であるという話でした。上田先生の話はどちらかというとバリューというか、マインドというか、そういうことに割と近いのでしょうか。それとも、それにとどまらず、山口先生の話のようなことも成果として実感されているでしょうか。

上田 山口先生がおっしゃったことと基本的に一緒だろうと思います。学生にも「クリニックを受講するというのは具体的な事件、事例問題に直面することです。ばらばらの事実を自分なりに事例問題として組み立てながら一定の解釈を与え、解決していきます。それはまさに司法試験の1つの解法というか、解く方向性です。決してマイナスにならないのです。むしろプラスになります」と申し上げます。

ただ、それは1つの側面です。クリニックは時間的制約もあります。実務系科目で何を教えるのか、司法修習の教育とどう違うのかをロースクール側としてどう認識するのかが、大切ではないかと思います。

今日の話にもありましたが、大切なのは「今の実務を疑え」です。得てして学生は教科書を読み、『判例百選』を読み、通説であればよいという形で、例外事象とか、批判的なものとか、判例の発展方向は何なのか、どう発展させるべきなのかについては、今すぐ覚える時間的な余裕もないと考えがちです。細かく教えられないにしても、自分たちが依頼者の要求を実現させるために今の実務でどこまでやれるのか、どこが限界なのか、どう乗り越えない

といけないのかを、学生に伝えていくことになります。

　私は刑事事件が多いのですが、この分野でも裁判所都合の実務も多いです。弁護士的観点から刑事訴訟法の理論を分析したうえで、あるべき実務は何なのかと考えたときに、さまざまな論点が出てきます。そこを意見交換しながら1つの素材として取り上げ、多くの事例は同様の問題でないか、修習生になっても実務に就いても同じような問題が出てくるから、同じように疑ったうえで対処しなければならないというメッセージを、できるだけ理解してほしいと思っています。そういう意味で、今日報告のあった早稲田クリニックの実践を私たちも実現させたいという思いです。

道　ありがとうございました。実務を疑えという考え方については、修了生の早坂さんも実務に入ってからそのかけがえのなさを痛感したという話をされました。いみじくも司法修習との違い、役割分担に言及がありました。司法修習と法科大学院におけるクリニック教育は何が違い、どう役割分担するべきでしょうか。ともすると、修習があるのだから法科大学院の実務教育はいらないのでないかという声を聞かなくもないです。

　司法修習と法科大学院におけるクリニック教育ではまず担い手が違います。場所が違います。時期が違います。とりわけ法科大学院教育の担い手と場は実務家と研究者のコラボレーションであり、それが学校教育法上の学校の中で行われていることに特徴があります。そのことが、実務に対する改善、理論の発展に結びついています。

　今日は日弁連からもうお一方ゲストが来ています。法曹養成対策室長の三澤英嗣さんです。ご自身も渋谷パブリック法律事務所で法科大学院併設型の事務所所員としてクリニック教育にかかわっていました。役割分担の話ですが、修習との違い、三澤先生の率直な見解はいかがでしょうか。

三澤　日弁連の法曹養成対策室で室長をしている三澤です。私は平成16年に東京弁護士会の法曹養成センターの事務局長をしていましたが、そのときにリーガル・クリニックを弁護士会でやろうという企画を立てました。東京弁護士会の公設事務所を利用した臨床系の事務所を國學院大學の中に作り、4

大学と提携して行いました。

　現在、私は日弁連で司法修習の関係に関わっています。今年度から司法修習はかなり様変わりしました。これまでは、前期修習がなく、ロースクールを出て司法試験に受かった方はいきなり現場へ行くシステムでしたが、今年からシステムは少し変わりました。最初の約3週間は司法研修所に全員が集められ、そこで研修をする形になりました。いろいろな理由がありますが、司法修習はそういう意味で大きく変わっています。

　修習生は、分野別実務修習で、いろいろな事務所へ行き、裁判所へ行き、検察庁へ行き、研修を受けます。その点も少し変わりました。すでに実施されていますが、指導担当者のガイダンスが作られました。特に弁護修習のガイダンスにおいて可能な限り司法修習生と意見交換をすることが明記されています。

　ともすると司法修習は、「見ていればよい」という形で来ていたことが現実です。修習生にすべからく同じようなことができるかといわれるとなかなか難しいところですが、これからの修習では、修習生と可能な限り1つのリアルケースについて議論することを目指そうと変わろうとしています。

　先ほどから、そういう状況の中で法科大学院でのリーガル・クリニックはどういう位置づけなのか、考えるべきと思って聞いていました。別に答えがあるわけでありませんが、リーガル・クリニックは、法科大学院という1つの教育機関で行われている教育であるという面が修習と違うと思います。

　段階的にいうと法科大学院に来るということは仕事をすることの第1歩です。職業人になるために民法の勉強をしているわけです。司法試験に受かるために、弁護士になるために、検察官になるために勉強しているのではありません。そのことはその立場・役割に立つときだけの話です。やることは法律を使って人の悩みを解決することに尽きます。そのための勉強をしているわけです。その人の悩みを解決するために、最も教育的でありながら、最も仕事を感じさせてくれているものがクリニックだと思います。その部分を大事にしていただき、教育機関で実施していただけると学生の勉強も意識が少

し変わるかと思います。

　道　ありがとうございました。修習との違い、役割分担の話が出ました。基調報告1の西澤さんは司法修習を受けていません。法科大学院教育だけで今の仕事をされています。法科大学院教育の成果をまさにそのまま純粋に体現されているかと思います。

西澤　今の仕事のうち8、9割以上までが、ロースクールで学んだことの応用と言えると思います。

道　ありがとうございました。説得力のある話だったと思います。司法修習との関係も含め、法科大学院における臨床教育の意義がいくつか挙げられており、共有されており、そういう意義をもったクリニック教育を続けていくということなのだろうと思います。そのために先ほどらい出ている課題をどう克服するのか、残りの時間の半分ぐらい使って議論していただきます。

　課題については、上田先生から学生があまり来ないという話がありました。教育上の課題でしょうか。あるいは学生の姿勢が変わったという話が、早稲田からも出ました。それだけでなく、クリニックの運営上の課題も出されています。クリニック事務所そのものの運営上の課題もいくつか指摘されています。克服するためにどうしたらよいのでしょうか。上田先生、山口先生からお聞きします。

上田　クリニックの教育の部分、クリニックの役割は何なのでしょうか。法科大学院の学生への教育の部分が重要な柱になることは間違いないでしょう。ただし、それだけではないのです。したがって、学生が受講できる環境、やり方はもっと柔らかな形で参加できるようにすることが必要でしょう。

　そうはいっても司法試験のシステムとか、司法試験がどういう内容になるのかにより、実務教育、ひいてはクリニック教育は大きな影響を受けるという意味で自主努力だけでは解決できないところがあるのでないでしょうか。だからといってあきらめるわけではありません。努力はしないといけないでしょう。

　それとは別にオン・ザ・ジョブ・トレーニングが現状ではどんどん少なく

なっている状況です。ロースクールでも全員がクリニックを受けるわけではないのです。ロースクールの教員と実務家の一定のコラボレーションのもとで、より実務的でもあり、かつ理論的でもある、そういう実質を伴った継続教育が引き続き新人弁護士に伝えられていく、このような流れも重要ではないでしょうか。したがって、継続教育の一貫としてのクリニックの役割も考えてはどうでしょうか。

　学生に対する実務教育は拡大しないといけません。しかし、劇的に改善し、人数が増えるかというと困難もあります。その後の継続教育の中で不十分な部分を補っていく。このようなオン・ザ・ジョブ・トレーニングにより、若手の弁護士が実務を改革し、判例を変えていく。このような道筋で司法が改革されていくことができれば、とてもすばらしいことだと思います。

道　ありがとうございました。課題を克服するためにクリニック自体がもっと活躍の範囲、姿を広げることかと思います。今まで実務家教育は実務法曹だけで研修などをやっていました。そこに法科大学院が入っていく継続教育の視点が出ました。山口先生はいかがでしょうか。

山口　継続教育はまた1つの論点ですが、その前に問題提起として、クリニックのカリキュラム上の位置づけを考え直してはどうかと常々思います。認証評価的なカリキュラム分類によると、まず法律基本科目をやり、次に実務基礎科目をやり、最後に臨床科目のエクスターン、ロイヤリング、クリニックが来るという順序になります。クリニックは、臨床科目の内でも選択肢の1つにすぎず、最後の仕上げの科目、応用科目という末端の位置づけしか与えられていません。

　私は9年間クリニックの実践をしましたが、もっと大きな可能性があると思います。法学教育の基本的な方法論として、現実の事例から理論に至り、理論から事例に戻る、その往復作業を繰り返すことにより、理解が飛躍的に高まるという現象が見られます。最後の選択科目に押し込めているので、取らない学生がたくさん出てくるのは、もともと制度上想定された結果です。つまり、はじめから取らなくてもよいというのが、カリキュラム自体が学生

に発しているメッセージになっているのが現状です。

　かつて、ある医学部のホームページに教育課程の紹介ビデオがあるのを見たことがありました。病院実習は5年生、6年生のはずですが、その学校では、もっと若い段階から学生を病院に入れています。最近、医療の世界ではコミュニケーション能力が重視されていることを背景に、低学年のうちから学生が病院に入り、患者さんの車椅子を押しながらコミュニケーションを取ることを学びます。医学教育では、そんなことも普通に始まっているのです。

　私も、クリニックに関しては「プレ・クリニック」と称して、主として1年生を対象にお試しコースのようなものを開講しています。彼らは、入学後のごく早い時期に、単位にならないクリニックから始めています。これは、たまたまそういう展開になったものでしたが、法学教育における、ある意味で本質的な問題を示唆しているように思います。どの教科書を読んでもはっきり書いていないものの、法律家ならみんなが共通に知っている知識領域があると思います。それを、最初に弁護士と接し、依頼者、相談者と接し、その中から基本的な用語法とか、本に書いていないが皆が当たり前に前提にしていることとか、そのあたりの空気のようなものを先に感じ取ってもらってから、本格的に書物と格闘する勉強をしてもよいのでないでしょうか。

　つまり、クリニックはごく初期の段階にも効果があります。中間段階で基本的な理解を深める効果もあります。もちろん、最後の仕上げ・応用の段階でも効果があります。この3段階にわたってクリニックの効果があると思います。現状のような、最後の選択科目で取っても取らなくてもよい、好きな人だけやればよいという位置づけでなく、全員が同じようにクリニックを受講し、体験、経験を踏まえながらものを考える思考方式を学ぶことを、法科大学院教育の軸に据え直すべきであると考えます。

道　ありがとうございました。学部生に対するアクションがあってもよいのでないかという話もありましたが、山口先生の話はクリニックの守備範囲を前に倒してよいのでないかということです。上田先生の話は後ろに倒してよいのでないかということです。時間軸でいうと守備範囲を長くするというか、

広くする話なのかと思います。選択型実務修習でクリニック事務所がプログラムを提供しているという話も出ました。

さて、「早稲田大学リーガル・クリニックの問題点およびそれに対する改善方法等があればお聞かせください」という質問が来ています。棚村先生、いかがでしょうか。

棚村 どこへ行っても「早稲田は恵まれていて、先頭を走っている」と言われます。クリニックも9種類ぐらいのプログラムが用意でき、指導する側の人もある程度確保できています。

クリニックの問題は4つあります。カリキュラム上クリニック科目をどういう位置づけにするかをもう一度見直さなければいけません。また、クリニックに置いたプログラムの中身をどのように充実させるかも検討しないといけません。

もう1つは、それらの担い手です。教員、実務家、研究者、臨床心理をやっている先生など多岐にわたります。家事とジェンダーは別々にクリニックがあったのですが、融合、改編しました。そういうことで学際的に、より総合的に多彩な人材を確保しました。

そういう中で、あとは学生をどう誘導するか。必修化したらどうかとか、単位を増やせという話もありましたが、ロースクール全体のカリキュラムは必修が多く、なかなか単位数を増やすことは難しいです。そういう中で履修指導とか、ガイダンスで学生を誘導します。とはいえ、試験の合格率による格付けで、学生たちにクリニック科目の受講をしない傾向も見られます。さらに、法律基本科目と実務基礎科目としてのクリニック科目との連携の問題、法学研究科とのコードシェアもあります。こうした4つの点で我々も改善、改革を提案しないといけないと思います。

道 ありがとうございました。克服というか、課題への対応といっても、皆さんの言うことはポジティブで、夢があります。もともとクリニックは実務と理論の架橋、コラボでした。更に、他分野の実務とのコラボということも、従前の法曹実務の中ではなかなかかなわなかったことでないかと思います。

時系列で守備範囲を広げるだけでなく、コラボレーションとか、担い手の射程範囲、領域も広げていくというかなりポジティブな話だったと思います。

そうはいっても法科大学院の現実があると思います。古谷先生、課題の克服策はありますか。

古谷 司法試験を目の前にしている学生が多く、司法試験に受かるためにロースクールに入り、ある意味で近いところしか目標をもっていない学生が多いことは事実です。私どもは入試説明会から早稲田はクリニックがあり、エクスターンシップがあり、早稲田の最大の魅力はクリニックをできることなので、そういう方に入ってもらいたいと言い続けています。

司法制度改革の本来の趣旨は、社会人も含め、いろいろなバックボーンを持ち、法曹にしたらおもしろいだろうと思われる人を司法試験に通す、つまり「法曹にしたい人を、なれる人にする」ということなのだろうと思います。しかし、幸か、不幸か、現状はむしろ法学部を出て、法曹になれる、それだけの基礎知識が十分にあり、あとは司法試験を受けるだけという人たちがいっぱいいるのです。

その人たちをそのまま法曹にしてよいのかというと、それでは従来の旧司時代とあまり違わないことになります。ロースクールという教育機関を通すことにより、「法曹になれる人を法曹にしたい人にする」ことが必要です。法曹にしたらおもしろいだろうという人に、2、3年間でできるかどうかが重要です。今日の基調報告1の4人の話はまさにそのとおりと思いましたが、その契機として人と出会うことが大事です。それを経験できるのは普通の授業でなく、クリニックのようなところだろうと思います。

人と出会うことには2通りの観点があります。クライアントと会ったことにより、法的な問題を抱えている人の痛みを初めて実感できるという点が1つ。もう1つは、弁護士と初めて触れることにより、弁護士はこういう生活をしているのかとか、こういうパッションをもっているのかということがわかること。そういうことが非常に重要で、初期の動機づけとしてクリニックは意味をもっています。

私どもはそのような環境の中で、教員という担い手でだけでなく、もっと若い担い手が必要だろうと考え、クリニックにアカデミックアドバイザーを付けています。通常は学生たちの学習支援をしている人たちで、修了して2、3年目の若手の弁護士にお願いしています。もう1つ、趙さんが所属されている早稲田リーガルコモンズという新しい事務所にお願いし、単位はありませんがクリニック的なことをやっていただいています。幅広い担い手を用意することにより、学生に対する触発度を高めています。

道　ありがとうございました。趙さんは今日お会いするまで「法曹になれる人」というより、昔から「なりたい人」なのかと思っていたのですが、今日の報告を聞くとそうでもなく、何となく法科大学院に入ってしまったというエピソードに親近感をもちました。趙さんは早稲田リーガルコモンズでパートナー弁護士として活躍しています。クリニック教育の未来形を語りつつ、自身の事務所のPRもどうぞ。

趙　私自身がどういう実務教育を受けたのかを振り返ると、大きく2つあります。1つはロースクール時代に受けた教育です。もちろんクリニックを含みます。クリニック以外の科目もそうですが、実務家の先生から学んだことは今も大きな財産です。もう1つ、自分の中で根付いていると思うのは、弁護士になった後に先輩の弁護士と一緒に取り組んだ事件でのOJTの機会だと思います。つまり、私にとってその間の司法修習は、ロースクールとか実際に弁護士になってからの経験と比べるとあまりインパクトのないもの、というのが率直な感想です。

　その中で早稲田リーガルコモンズ法律事務所をつくり、私たちがやろうとしていることは、ロースクール世代、私と同世代の弁護士がたくさん集まり、ロースクール世代の弁護士もがんばっているということを、自分たちが活躍することにより、世に発信しようということ。それはもちろんありますが、それだけでなく、自分たちが受けたものを還元しようとも考えています。ロースクール時代に受けたクリニックを含む実務教育を、我々のときは大先生から教えてもらいました。もちろん、大先生から教えてもらうことも非常

に重要なので、それはクリニック事務所なりで続けていかれると思います。一方でもっと身近な目標というか、今の学生からするとちょっとした先輩みたいな人たちに習うことにも非常に価値があると思います。

　早稲田リーガルコモンズでは定期的に事務所にロースクールの学生に来てもらい、クリニックとまでは言えないですが、一緒に事件に取り組むことをやっています。それとともに、弁護士になったあとのOJTの機会ということで、今就職状況は厳しいですが、ロースクールの修了生を毎年4、5人目標で受け入れ、一緒に事件に取り組んでいます。自分たちがやってもらったことを後輩に還元しようということで、早稲田リーガルコモンズという事務所をつくり、やっているわけです。

　将来的に、我々も経験を積み、ロースクールの実務家教員として教授になる人も出てくるでしょう。そういう感じでどんどん回転することができればよいと考え、日々目先の事件で自分たちの食いぶちを稼ぐことに必死になりながらも、後輩の指導もがんばってやっています。

道　ありがとうございました。就職というと後ろ向きな表現ですが、OJTの機会の乏しい現状を補うという話もありました。一緒に新たな法曹としての活動の領域を開拓されている部分も、あるのでないでしょうか。

趙　まともに弁護士の仕事をしているという意味で、私は早稲田リーガルコモンズ法律事務所の少数派です（笑）。事務所の中には政策秘書をやっている人もいるし、永田町をうろうろしている人もいるし、弁護士という資格を使いながらも弁護士業以外のことをやっている人もたくさんいます。弁護士としての働き方の多様性を体現している事務所です。ロースクール生には、事務所へ来てもらって、弁護士はこんなに幅広いのかと知ってもらうことは意味があるのでないかと考えます。

道　ありがとうございました。上田先生、継続教育の話が出ました。趙さんの話を聞くと継続教育にもクリニックは関与しつつ、新しい分野に人を送り出すというもっとポジティブな機能を担えるのでないかという予感がします。いかがでしょうか。

パネルディスカッション

上田 早稲田リーガルコモンズの話はここに来て初めて知らされました。そういう形態で若手の弁護士の仕事面での不安もなくしていくように努力する、いろいろなパターンの弁護士がいろいろな分野に進出できる拠点を確保していることは、とてもすばらしいことと思いました。私たちも、クリニックがきちんとした人的体制、実務的にも研究者的な体制もとり、場合によっては若手の人たちと共同受任しながらやっていくという方向性を目指しています。若手弁護士が自信をつけ、自分の専門分野という形で活動を広げていく方向性を目指したいです。

　早稲田リーガルコモンズの運営の詳細はわかりませんが、制度が回るためには資金的な面、人的な面がどう合理的に構成されるのか、それを多くの人たちが学べる、よりよいシステムにしていくのか、その結果として各人がある程度人間らしい生活と生きがいある仕事のやれるのか、抽象的にいうとそういう問題になります。早稲田リーガルコモンズなどの経験をもう少し広く発信していただいたうえで、私たちもそういうものを参考にし、何か似たような組織を福岡の地でつくれればいいな、という感想をもちました。

道 ありがとうございました。会場に名誉教授になった堀龍兒先生が、お戻りになりました。堀先生の周りには若い弁護士がよく集まります。早稲田リーガルコモンズの試み、チャレンジをどうご覧になりましたか。

堀 私はTMI総合法律事務所の顧問で、弁護士のサポートをしています。

　早稲田大学の専任教授を11年間しまして、その前は商社に37年間勤務しました。実務は嫌というほどやってきました。ロースクールで10年教えましたが、学生が実務に触れることはすごいことなのです。弁護士に会ったこともないような学生が実務に触れるのです。皆さんの学校で学生に実務に触れさせ、学ばせる、要するに百聞は一見にしかずなのです。私は法学部を出て商社に入りました。我妻榮先生の本を見ると難しそうに書いてあるのですが、登記簿などは見たら何でもないのです。そんなものなのです。そこから勉強を始めるのはすばらしいことなのです。

　早稲田リーガルコモンズという事務所をつくったこともすばらしいことだ

と思います。経営はたいへんと思います。自分たちもがんばりながら早稲田大学を応援しようという志はすごいです。上田先生も、山口先生も、早稲田大学と同じスタイルでなくても、ぜひ発展させ、地元の皆さんに密着して、がんばっていただきたいです。よろしくお願いいたします。

道 ありがとうございました。エールがありましたが、山口先生、いかがですか。

山口 継続教育、就職支援は理念の問題としてではなく、現実の必要に根差してやっています。今、うちの事務所のメンバーは登録上7人まで増えました。そのうち4人が法科大学院出身者、うち3人が本学出身者という体制です。卒業生に対しては、希望すれば、最低限登録だけは認めると公約しています。少人数校であること、合格しても大半が有職者で自分の勤務先があるので、就職希望者が殺到し困ることがないから、できているところはあります。

　弁護士として事務所に参加する形態はさまざまです。事務所から給料を払う形態もあれば、所属企業等から収入を得て、事務所からは給料を払わない形態もあります。他の事務所や企業・官公庁の法務部等に所属し、随時訪ねて来ては、いろいろ質問を出し合ったり、ディスカッションをしたりもします。そんな形で常にみんなで情報を交換し、知識をアップデートし、互いに高め合っています。それは1つの継続教育の形です。そこに現役の学生も入って一緒に議論します。私も年をとってきたので学生には煙たい存在になりつつあるみたいで、若い卒業生弁護士がいると、そこにみんなが寄っていきます。私の知らないところで卒業生メンバーと学生たちが交流するとか、質問するとか、勉強の仕方を聞くとか、そういうことがだんだん増えています。

　幸いにして、人材の再生産の段階に入ることができたと思います。うちで育てた人材が戻ってきてそこに定着し、さらに後輩を指導する流れができてきました。最後は弁護士法人、法律事務所という存在がそのための場となっています。学校はみんな出ていくのですが、事務所があればそこに人材の

プールができます。先ほど人的なつながりの話がでましたが、縦横斜めにつながります。法律家は人的なつながりの中で育てるものだろうという気がします。そのための場として機能することができています。

　それから、私から外の事務所に勤めている卒業生に仕事を振り、一緒にやることもあります。しかも、その事件に学生を参加させ、クリニックを成立させることもできています。発展の可能性があります。その意味でも、各法科大学院は、大変ですが、ぜひ事務所をもつべきだと思います。いろいろな学校の方と話をするときは、「うちでさえできています。貴校でも事務所をつくりましょう」と勧めています。

道　ありがとうございました。残念なことに時間があと４分しかありません。最後の振りは締めの言葉も兼ねてということで理解していただければと思います。棚村先生、クリニック教育とクリニック事務所の今後の可能性、未来形のイメージも含め、締めのメッセージを１分でお願いいたします。

棚村　法の知識、制度の理解、技、スキル、そういうものを学ぶ部分と、人間力というか、担い手の姿勢が大事です。そういうものを総合し、学び、修得し、ロールモデルのようなものを提供し、そこで育った人たちを継続的に教育する。

　私は国選弁護士、当番弁護士をやり、刑事事件をかなりやらされました。その中で実務家のやっている仕事を我々教員自身が知り、事件に向き合うことで理論的にもさらに刺激を受けます。それを学生たちに伝え、裁判官とか、いろいろな方たちとそれぞれの特性みたいなものがよくわかり、そういうコラボレーションの中でネットワークを作ったときに、教育、研究、理論、実務が融合していきます。その場所を提供するのがクリニックだという感じが、強くしました。

道　ありがとうございました。古谷先生、お願いいたします。

古谷　クリニックの中身について私は素人ですが、クリニックという場を使い、人と人とを結びつけていく、人の触発の場をつくるという点では棚村先生とまったく同じ考えです。ネットワークをどうやって作るかはクリニック

の教育に携わっている先生方の課題であると同時に、その枠組みを作っている我々法務研究科、ロースクールを運営している側の課題でもあると思います。10年前に期待しなかったような大きな発展の可能性を、クリニック教育はもっているのでないかと強く感じます。ロースクールが生き残りさえすれば、クリニック教育はこの10年でもっとよくなると、楽観的な思いをもっています。

道 ありがとうございました。元気の出る答えをいただきました。コラボレーションという話が出ました。法科大学院はそもそも今までになかった研究者教員と実務家教員のコラボレーションの場として創設されました。しかしながら、文化の違い、気質の違いで各法科大学院ではいろいろあったのでないかと想像します。お互いの違いを取りざたしてもしょうがないので、違いをうまく活かしながら役割分担をし、お互いを尊重し合うことが今後の10年に求められているように思います。上田先生、山口先生、最後のメッセージを2分でお願いいたします。

上田 私たちは丸島先生と一緒に当番弁護士制度を立ち上げました。多くの弁護士と共にイギリスに行き、イギリスの当番弁護士制度がボランティアででき、それが制度化されたことを知りました。その制度の中に名簿制（パネル制）と待機制（ロータ制）がありました。待機制は弁護士が1日待機するので大きな弁護士会が対応するパターンです。名簿制は会員数の少ない会がやります。そういう前提で制度が作られていたようです。

　当番弁護士制度の日本での発展の中で、大分の弁護士会が名簿制をとりました。その直後に、福岡県弁護士会が待機制をとりました。そういう中で日弁連の刑事弁護センターもモデル論のようなものをきちんと作ったうえで、各地の弁護士会へ行きました。「うちは小さいからそんなことはやれません」と言われても、「大分のケースがあるではないですか。創意工夫し、制度を構築することは可能でないですか」と言いました。全国でやることが日本では制度化するためにはとても重要であるということで全国行脚をし、すべての弁護士会が2年以内にこの制度を作りました。

実践は0か、100かではないです。今回のテーマで我々も勉強させていただきましたが、ある程度の規模の法科大学院では、早稲田大学のようなシステム、人数の少ないところでは九州大学、筑波大学のようなシステムというように、具体的なメニューをきちんと見せながら拡大していくことが大切ではないでしょうか。

　今は法科大学院での実務教育が縮小傾向にあり、縮小が当たり前と思われつつあります。しかし、クリニック等の実務教育は重要であり、学生に勉強へのインセンティブを与え、将来的には自分自身の仕事を広めていく部分があるということも伝え、新たな拡大の方向で今日の議論が今後に活かされてほしいと思います。そのイニシアチブの代表者として、早稲田のクリニックに先頭を切っていただきたい。私たちも多様なクリニックがあるということも含めて、協力・協同していきたいと思います。

道　ありがとうございました。今日は九州からお越しいただき、ありがとうございました。山口先生、今の話などを受け、いかがでしょうか。

山口　早稲田のクリニックは先駆であり、模範でした。これからもそうあり続けていただきたいと願っています。特に、「フラッグシップ」が揺らぐようでは、後に続いてきた我々としては目標を見失いかねませんので、さらに一層の脱皮と発展を遂げていただきたいと思います。

　古谷先生からは、本体たる法科大学院が生き残ればクリニックも発展できるというお話がありましたが、私は逆と思います。クリニック教育をしっかり確立し、発展させれば、法科大学院は盤石であるという関係にあるのでないかと思います。「早稲田のクリニックは責任重大である」とプレッシャーをかけさせていただき、私からのエールとさせていただきます。

道　ありがとうございました。今日のテーマは、創設10年目の検証です。10年の検証は、この間に法曹になられた皆さんがいちばんに物語っています。その代表でもある趙さんはいかがでしょう。今プレッシャーをかけられたので、そのプレッシャーを趙さんにお返しします。

趙 私はプレッシャーをあまり感じないタイプなので（笑）。この10年の間に、私たちロースクール世代の人たちがどんどん弁護士になっています。今日、この会で私が話していることは多くの同世代の弁護士の言葉を代弁しているかのようですが、実は少数派なのです。「ロースクールはよかった」「クリニックはよかった」と言っている人は、早稲田ロースクール出身の人ぐらいしかいません。そう考えると、ここでの話は多くの若手弁護士の言葉を代弁しているのでないかもしれません。

今、私がやるべきことは自分たちが受けてきたロースクールの教育なり、クリニックがいかにすばらしかったかを、あらためて声を大にして言うことだと思います。微力ながらも、自分たちが教育を受けたことを後輩たちに還元することは少しずつ続けていきたいと、今日あらためて思いました。

道 ありがとうございました。趙さんが自ら教育の担い手になろうと決意したことは、早稲田の教育が趙さんにとってよかった、かけがえのないものだったということの最大の証左でないかと思います。

今日のシンポジウムは教育、法曹養成に関する議論でしたが、私たち実務法曹に対する問題提起でもあり、教育のあり方に対する問題提起にも発展するテーマでないかと思います。

そんなことも話したいのですが、定刻を７分過ぎてしまいました。今日ご登壇いただいた５名のたいへん魅力的なパネリストの皆さんに盛大な拍手をお願いいたします。（拍手）

ありがとうございました。駆け足になりましたが、本日のパネルディスカッションをこれで終了したいと思います。

閉会の挨拶

弁護士　大　塚　正　之

　最後に一言、ご挨拶を申し上げます。私は法科大学院に参って、今年の3月まで5年間、クリニックの授業を担当させていただきました、その前、30年間ほど裁判官をやっていて、初めて大学で教えることになったわけです。

　そういう立場ですが、現在、リーガル・クリニックに所属して、クリニックの授業のお手伝いをさせていただいていたことから、最後の閉会のご挨拶をさせていただきたいと思います。

　早稲田大学では、リーガル・クリニック事務所を法科大学院開設当初から設立して、法科大学院の教育科目にクリニック授業を取り入れてきたわけですが、その眼目は法科大学院でクリニック授業を実施することが不可欠であると、そういう認識に基づいているわけです。

　法というのは、いずれももともとは実践の現場から次第に集積されて構築され、そして定式化され、伝統となって伝えられてきて、日本に入り、体系化されてきた学問であるわけですが、そのように体系化された学問をただ現実の紛争にこれを当てはめるというだけでは、適切な紛争の解決はできません。臨床の場では、一つ一つの事件に個性があり、そして時代とともに新しい問題が生まれてきます。

　今回のように東北大震災のような未曾有の大惨事が起きて、地域一帯が根こそぎに奪われてしまうという、そういう事態も生じています。そこで必要なのはそうした個々の紛争、そして新しい事態に、法はどうやって対処をしていくべきか。一つひとつ具体的に考えるのが実務家としての法曹の役割であると考えられるわけです。

　これはどの教科書にも書かれていないものです。個別的、具体的な事件に、また新たに生じてきた事態に、その問題点がどこにあって、どのように考え

るのが法の正義にかなっているか。実務家としての法曹の能力がそこで試されるものだろうと思います。既存の法の解釈をそのまま当てはめるだけでは解決できない応用力が不可欠です。

そしてまた法曹、法律というのはいったい、誰のために何のためにあるのかを考えていった場合に、医者が患者の治療のために存在するのと同じように、現実の国民が直面しているいろいろな法的な問題、この問題を解決するためにこそ、法曹は存在しているはずです。

ただ司法試験に合格したい、合格して弁護士になりたい、それだけで弁護士になられては困るわけです。大事なことは誰のために何のために法曹があるのか。苦しんでいる人、現実に問題に直面している人の問題を解決するために我々は法律を学ぶのだという、そういう視点を法科大学院でしっかりと教えていくことが、大切なことだろうと思います。

そのためには現実に法的問題に直面している人とじかに接することが大切です。また、その人たちのために日夜活動している弁護士と接することによって、私たちは何のために勉強するのか、誰のために法律があるのか。そういうことを学び取っていく。それがクリニック授業ではないだろうかと思います。そういう問題を自分の頭できちんと考えられる法曹を養成するためには、クリニック授業は必要不可欠なものだと考えられるわけです。

そういう意味で、法科大学院併設の事務所を設立できないとしても、やはり何らかの形で法科大学院がこのクリニック授業を維持し、発展させていくことが、未来の法曹の形成のためには必要不可欠なものだろうと考えています。

今、なかなか法科大学院自体が厳しい状況に置かれていますが、まさしくそういうときであるからこそ、リーガル・クリニックが発展をしていくことが大事なこと、必要なことだろうと考えています。これまでのクリニック教育に非常に成果があったことは、実際にクリニックを受講された、そして今、弁護士として活躍し、あるいは今、法曹以外の場で活躍している皆さんのお話の中からも、十分にくみ取れるのではないかと考えています。

閉会の挨拶

　きょうのシンポジウムは一つのきっかけです。今後ますますこういう情報の発信をして、このクリニック教育の重要性を、ひいては法科大学院教育の重要性を広めていくことが大切だと考えています。

【編　者】

近江　幸治（おうみ　こうじ）
　早稲田大学法学学術院教授
　弁護士法人早稲田大学リーガル・クリニック所長

【執筆者】（掲載順）

石田　　眞（いしだ　まこと）　早稲田大学法学学術院教授
宮川　成雄（みやがわ　しげお）　早稲田大学法学学術院教授
早坂由起子（はやさか　ゆきこ）　さかきばら法律事務所弁護士
趙　　誠峰（ちょう　せいほう）　早稲田リーガルコモンズ法律事務所弁護士
中川真梨子（なかがわ　まりこ）　東京地方裁判所判事補
西澤　尚希（にしざわ　なおき）　株式会社ジェイテクト法務部国内法務グループ主任
日置　雅晴（ひおき　まさはる）　神楽坂キーストン法律事務所弁護士
外山　太士（とやま　ふとし）　弁護士法人早稲田大学リーガル・クリニック弁護士
棚村　政行（たなむら　まさゆき）　早稲田大学法学学術院教授、弁護士法人早稲田大学リーガル・クリニック弁護士
浜辺陽一郎（はまべ　よういちろう）　弁護士法人早稲田大学リーガル・クリニック弁護士
大場亮太郎（おおば　りょうたろう）　内閣官房法曹養成制度改革推進室長
丸島　俊介（まるしま　しゅんすけ）　元日本弁護士連合会事務総長、丸島俊介法律事務所弁護士
大塚　正之（おおつか　まさゆき）　弁護士法人早稲田大学リーガル・クリニック弁護士

――パネルディスカッション参加者（五十音順）――

上田　國廣（うえだ　くにひろ）　弁護士法人九州リーガル・クリニック法律事務所弁護士
棚村　政行（たなむら　まさゆき）　早稲田大学法学学術院教授、弁護士法人早稲田大学リーガル・クリニック弁護士
趙　　誠峰（ちょう　せいほう）　早稲田リーガルコモンズ法律事務所弁護士
古谷　修一（ふるや　しゅういち）　早稲田大学法学学術院教授
道　あゆみ（みち　あゆみ）　弁護士法人早稲田大学リーガル・クリニック弁護士
山口　卓男（やまぐち　たくお）　弁護士法人筑波アカデミア法律事務所弁護士

クリニック教育で法曹養成は
どう変わったか？
　　──リーガル・クリニック創設10年目の検証──
2015年7月1日　初　版　第1刷発行

編　者　　近　江　幸　治

発行者　　阿　部　成　一

〒162-0041　東京都新宿区早稲田鶴巻町514番地
発行所　株式会社　成　文　堂
電話 03(3203)9201(代)　Fax 03(3203)9206
http://www.seibundoh.co.jp

製版・印刷　藤原印刷
☆乱丁・落丁本はおとりかえいたします☆
©2015 K. Ohmi　　printed in Japan
ISBN978-4-7923-0578-9 C3032
定価（本体1800円＋税）　　　　検印省略